Reinhard Abeln / Eva Dicks (Hg.)

Still erleuchtet jedes Haus

Still erleuchtet jedes Haus

Weihnachten mit
Wilhelm Busch, Joseph von Eichendorff,
Theodor Storm, Karl Heinrich Waggerl
und vielen anderen

Herausgegeben von
Reinhard Abeln und Eva Dicks

Butzon & Bercker
Kaufmann Verlag

Bibliografische Information der Deutschen Nationalbibliothek

Die Deutsche Nationalbibliothek verzeichnet diese Publikation in der Deutschen Nationalbibliografie; detaillierte bibliografische Daten sind im Internet über http://dnb.d-nb.de abrufbar.

ISBN 978-3-7666-1306-6 (Butzon & Bercker)
ISBN 978-3-7806-3087-2 (Kaufmann Verlag)

Umschlagabbildung: © Sandra Cunningham – fotolia.com / © Actomic – fotolia.com
Umschlaggestaltung: Elisabeth von der Heiden, Geldern
Satz: Schröder Media GbR
Druck und Bindung: Bercker Graphischer Betrieb, Kevelaer
Printed in Germany

Inhalt

Mit den Hirten will ich gehen

Zu Betlehem, da ruht ein Kind

O du gnadenreiche Zeit!

Drei Weise aus dem Morgenland

Vorwort

Liebe Leserin, lieber Leser,

noch bezaubert uns der Herbst mit seinen leuchtenden Farben und letzten warmen Sonnenstunden, da finden wir in den Geschäften schon die ersten Vorboten des Weihnachtsfestes. Lebkuchen und Spekulatius, Nikoläuse aus Schokolade, Christbaumkugeln und Dominosteine füllen die Regale.
Kurze Zeit später beginnt ein hektisches Treiben: Geschenke müssen gekauft und vieles muss vorbereitet werden, denn Weihnachten rückt immer näher. Wenn wir diesen Trubel betrachten, fragen wir uns in jedem Jahr neu: Weihnachten und Stress – passt das zusammen?
Denn trotz aller Betriebsamkeit, die Weihnachten mit sich bringt, sehnen wir uns nach stillen Stunden in der Dämmerung oder an den nun langen Abenden, in denen wir uns – allein oder in Gemeinschaft – im Kerzenschein des Adventskranzes an dieser besonderen Zeit erfreuen.
Wir denken an den Zauber der Weihnachtszeit, den wir vielleicht als Kinder erlebten und auch heute noch manchmal erfahren: Wir backen Plätzchen und holen am Barbaratag Zweige aus dem Garten, die an Weihnachten blühen. Wir füllen Nikolausstiefel und freuen uns über die strahlenden Gesichter der Beschenkten. Wir laufen durch

eine stille Winterlandschaft, wir singen die alten Weihnachtslieder und erinnern uns an überlieferte Gedichte.
Die Texte in diesem Buch laden Sie ein, solche Augenblicke voll Weihnachtszauber zu erleben. Wir wünschen Ihnen einen besinnlichen Advent und ein frohes Weihnachtsfest trotz aller Hektik unserer heutigen Zeit. Tauchen Sie ein in das Geschehen von Betlehem, von dem seit so vielen Jahrhunderten Menschen immer neu erzählen.

Reinhard Abeln
Eva Dicks

Wir sagen euch an — Advent

Wir sagen euch an den lieben Advent

Wir sagen euch an den lieben Advent.
Sehet, die erste Kerze brennt.
Wir sagen euch an eine heilige Zeit.
Machet dem Herrn die Wege bereit.
Freut euch, ihr Christen, freuet euch sehr!
Schon ist nahe der Herr.

Wir sagen euch an den lieben Advent.
Sehet, die zweite Kerze brennt.
So nehmet euch eins um das andere an,
wie auch der Herr an uns getan.
Freut euch, ihr Christen, freuet euch sehr!
Schon ist nahe der Herr.

Wir sagen euch an den lieben Advent.
Sehet, die dritte Kerze brennt.
Nun tragt eurer Güte hellen Schein
weit in die dunkle Welt hinein.
Freut euch, ihr Christen, freuet euch sehr!
Schon ist nahe der Herr.

Wir sagen euch an den lieben Advent.
Sehet, die vierte Kerze brennt.
Gott selber wird kommen, er zögert nicht.
Auf, auf, ihr Herzen, werdet licht.
Freut euch, ihr Christen, freuet euch sehr!
Schon ist nahe der Herr.

Maria Ferschl

Die Botschaft des Engels

Eines Tages, so berichtet
das Lukasevangelium (1,26–56),
wurde der Engel Gabriel von Gott
nach Nazaret zur Jungfrau Maria gesandt.
Maria war verlobt mit einem Mann,
der Josef hieß.
Der Engel trat in ihr Haus ein
und sprach: „Sei gegrüßt, du Begnadete,
der Herr ist mit dir!“
Maria erschrak und sagte nichts.
Sie dachte nach, was der Gruß
des Engels bedeuten könnte.
Der Engel Gabriel aber sprach weiter:
„Erschrick nicht, Maria!
Gott hat dich lieb.
Du sollst einen Sohn zur Welt bringen,
dem sollst du den Namen Jesus geben.
Er wird groß sein
und man wird ihn nennen:
Sohn des Allerhöchsten.
Gott, der Herr, wird ihn
auf den Königsthron setzen,
und sein Reich wird ohne Ende sein.“
Maria war noch jung.
Sie konnte es nicht fassen,
dass der Engel zu ihr
in das kleine Haus gekommen war

mit einer so überraschenden Nachricht.
Sie sollte einen Sohn bekommen?
Er sollte der Sohn des Allerhöchsten sein?
Sie fragte: „Wie soll das geschehen?"
Der Engel antwortete:
„Der Heilige Geist wird
auf dich herabkommen,
und wie ein Schatten
wird dich die Kraft Gottes erfüllen …"
Maria hörte still,
was der Engel weiter sprach:
„Weil der Heilige Geist
auf dich herabkommt,
darum wird das Kind,
das du zur Welt bringen wirst,
Sohn Gottes heißen."
Dann erzählte ihr der Engel Gabriel,
dass auch ihr Onkel Zacharias
und ihre Tante Elisabet
einen Sohn bekommen würden,
obwohl sie schon hochbetagt waren.
„Denn bei Gott ist kein Ding unmöglich."
Da sprach Maria:
„Siehe, ich bin die Magd des Herrn.
Es soll geschehen, wie du sagst!"
Als Maria so gesprochen hatte,
verließ sie der Engel.

Nacherzählt von Reinhard Abeln

Immer ein Lichtlein mehr

Immer ein Lichtlein mehr
im Kranze, den wir gewunden,
dass er leuchte uns sehr
durch die dunklen Stunden.

Zwei und drei und dann vier!
Rund um den Kranz welch ein Schimmer!
Und so leuchten auch wir.
Und so leuchtet das Zimmer!

Und so leuchtet die Welt
langsam der Weihnacht entgegen.
Und der in Händen sie hält,
weiß um den Segen.

Hermann Claudius

Es ist für uns eine Zeit angekommen

Es ist für uns eine Zeit angekommen,
sie bringt uns eine große Freud.
Übers schneebeglänzte Feld
wandern wir, wandern wir
durch die weite, weiße Welt.

Es schlafen Bächlein und See unterm Eise,
es träumt der Wald einen tiefen Traum.
Durch den Schnee, der leise fällt,
wandern wir, wandern wir
durch die weite, weiße Welt.

Vom hohen Himmel ein leuchtendes Schweigen
erfüllt die Herzen mit Seligkeit.
Unterm sternbeglänzten Zelt
wandern wir, wandern wir
durch die weite, weiße Welt.

Paul Hermann

Sankt Barbara

Am Tage von Sankt Barbara
stell Zweige in das Zimmer!
Dann lacht zur Weihnacht,
hier und da,
ein weißer Blütenschimmer.

James Krüss

Am 4. Dezember

Geh in den Garten
am Barbaratag.
Gehe zum kahlen
Kirschbaum und sag:

Kurz ist der Tag,
grau ist die Zeit.
Der Winter beginnt,
der Frühling ist weit.

Doch in drei Wochen,
da wird es geschehn:
Wir feiern ein Fest,
wie der Frühling so schön.

Baum, einen Zweig
gib du mir von dir.
Ist er auch kahl,
ich nehm ihn mit mir.

Und er wird blühen
in seliger Pracht
mitten im Winter
in der Heiligen Nacht.

Josef Guggenmos

Advent, Advent

Advent, Advent,
ein Lichtlein brennt.
Erst eins, dann zwei,
dann drei, dann vier,
dann steht das Christkind
vor der Tür.

Überliefert

Steckt froh die Kerzen an.
Zündet auch die Herzen an.
Denkt daran!
Lasst sie strahlen hell entbrannt
durch das winterliche Land!

Überliefert

Ihr seid das Licht der Welt

Wie schön und anspruchsvoll ist es,
wenn Jesus seinen Jüngern und uns sagt:
„Ihr seid das Licht der Welt“ (Mt 5,14).
Jesus möchte, dass alle Menschen leben.
Aber sie leben nur, wenn sie in ihrer
Dunkelheit vom Licht erleuchtet werden,
das heißt, wenn sie durch andere zum Leben
ermutigt werden.

Darum fügt Jesus hinzu: „Euer Licht soll
vor den Menschen leuchten“ (Mt 5,16).
Wir sollen, vor allem in diesen Tagen
der vorweihnachtlichen Zeit, ein Licht
für unsere Umgebung sein.
Am Ende der Zeit werden wir
nicht daran gemessen, wie viel Ehre
und Ansehen unserer Person im Laufe
des Lebens zuteilgeworden ist,
sondern allein daran, ob wir im Sinne Jesu
zum „Licht der Welt“ geworden sind.

Reinhard Abeln

Darauf kommt es an

Ein bisschen mehr Freude und weniger Streit,
ein bisschen mehr Güte und weniger Neid,
ein bisschen mehr Liebe und weniger Hass,
ein bisschen mehr Wahrheit, das wär doch was.

Statt so viel Unrast ein bisschen Ruh,
statt immer nur ich ein bisschen mehr du,
statt Angst und Hemmung ein bisschen
mehr Mut]
und Kraft zum Handeln, das wäre gut.

Peter Rosegger

Adventgedanken

November, weißt du, was du bist?
Ein garstiger Geselle,
mit Nebelwänden, Regen, Sturm
bist du sogleich zur Stelle.
Das bunte Laub zerrst du herab,
das uns entzückt an Bäumen,
missgönnst den Blättern, dass sie süß
noch von der Sonne träumen.
Doch etwas Schönes bringst du auch,
und das ist der Advent.
O ja, zum Zauberer wirst du,
wenn's erste Lichtlein brennt.

Helene Löffert

Mit dem lieben Gott ist es wie mit dem Plätzchenbacken

Als kleiner Junge verbrachte ich die Zeit vor Weihnachten fast immer bei meiner Oma. Hier gab es Geschichten, warmen Kakao und frische Plätzchen. Im Ofen hörte man das Feuer knistern, und Omas Katze lag schnurrend auf dem alten Sofa.

Wenn wir uns mal nicht gegenseitig Geschichten erzählten oder miteinander spielten, schaute ich Oma oft beim Plätzchenbacken zu. Sie machte herrliche Kekse, und dann duftete das ganze Haus danach. Ich saß an dem hohen Holztisch, den Kopf auf die Arme gestützt, und sah ihr zu, wie sie den Teig bearbeitete, Sterne und Engel ausstach oder ihre Kekse mit der Hand formte.

Und an einen besonderen solcher Backtage kann ich mich noch sehr gut erinnern. Es war kurz vor Weihnachten. Oma backte meine Lieblingsplätzchen, und ich saß am Tisch und sah ihr dabei zu. Während sie den Teig vorbereitete, summte sie leise ein Weihnachtslied vor sich hin.

Als der Teig fertig in der Schüssel angerührt war, verstummte ihr Summen, und ohne aufzublicken, sagte sie zu mir: „Weißt du, mit dem lieben Gott ist es wie mit dem Plätzchenbacken."

Ich verstand nicht, was sie meinte, und sah sie nur fragend an. Sie nahm eine Handvoll Teig aus der

Schüssel, knetete ihn in ihren Händen und sagte: „Der liebe Gott hat dich gemacht. Wenn er dich in der Hand halten darf“, sie streute etwas Schokoladenraspel darüber, „und wenn du dich mit ihm verbinden lässt …“

Jetzt nahm sie den Teig, legte ihn auf den Tisch und walkte ihn ordentlich durch. Dabei fuhr sie fort: „Wenn du auch bereit bist, dich richtig von ihm bearbeiten zu lassen …“ Sie schöpfte etwas Teig auf einen Löffel, formte ihn zu einem runden Keks und sagte: „Wenn du dich also von ihm formen lässt …“, und jetzt hielt sie mir den fertigen Keks hin, er sah schön und lecker aus, „… dann macht er aus deinem Leben etwas ganz Besonderes.“

Ich sah sie überrascht an und dachte über das nach, was sie gerade gesagt hatte. Oma summte wieder ihr Lied, formte weitere Kekse und schob sie in den Backofen.

Stefan Gemmel

Seht, die gute Zeit ist nah

Seht, die gute Zeit ist nah,
Gott kommt auf die Erde,
kommt und ist für alle da,
kommt, dass Friede werde.

Hirt und König, Groß und Klein,
Kranke und Gesunde,
Arme, Reiche lädt er ein,
freut euch auf die Stunde.

Friedrich Walz

Advent

Noch ist der Herbst nicht ganz entflohn,
aber als Knecht Ruprecht schon
kommt der Winter hergeschritten
und alsbald aus Schnees Mitten
klingt des Schlittenglöckleins Ton.

Und was jüngst noch, fern und nah,
bunt auf uns hernieder sah,
weiß sind Türme, Dächer, Zweige
und das Jahr geht auf die Neige
und das schönste Fest ist da.

Tag, du, der Geburt des Herrn,
heute bist du uns noch fern,
aber Tannen, Engel, Fahnen,
lassen uns den Tag schon ahnen,
und wir sehen schon den Stern.

Theodor Fontane

Sankt Nikolaus

Den heil'gen Bischof Nikolaus,
den woll'n wir ehren heut,
dass er uns Gnade bring ins Haus,
Glück, Segen, Fried und Freud.

Reich war der Herr Sankt Nikolaus,
doch niemals hart sein Sinn.
Einst trat er vor ein kleines Haus,
drei Arme wohnten drin.

Drei Äpfel warf durchs Fenster er
für dieser Armen Not.
Sie waren Gold und wogen schwer
und brachten ihnen Brot.

O heiliger Sankt Nikolaus,
wir bitten dich gar schön:
Komm uns zu Hilf ohn' Unterlass,
dort, wo wir geh'n und steh'n.

Volkslied

Holler, boller, Rumpelsack

Holler, boller, Rumpelsack –
Niklas trug sie huckepack,
Weihnachtsnüsse gelb und braun,
runzlig, punzlig anzuschaun.

Knackt die Schale, springt der Kern,
Weihnachtsnüsse ess ich gern.
Komm bald wieder in dies Haus,
guter, alter Nikolaus!

Albert Sergel

Wie Sankt Nikolaus aus der Hungersnot half

Vor vielen hundert Jahren lebte ein Bischof, der hieß Nikolaus. Doch die Menschen nannten ihn Sankt Nikolaus, weil er so fromm und hilfsbereit war. Er wohnte in einer Stadt am Meer, in Myra. Einmal herrschte dort eine große Hungersnot. Nirgends gab es Brot zu kaufen, selbst wenn man eine Handvoll Gold dafür gegeben hätte. Die Kinder schrien vor Hunger und viele Menschen starben.

Da sprachen die Menschen zu Sankt Nikolaus: „Gott liebt uns nicht mehr. Er hat uns ganz und gar vergessen." „Das glaube ich nicht", antwortete Nikolaus, „betet zu ihm, dann wird er uns helfen!"

Er selbst kniete nieder und betete Tag und Nacht: „Gott, bitte hilf diesen armen Menschen!" Und da kam übers Meer ein Schiff gefahren, das steuerte dem Land zu und warf die Anker aus. Das Schiff war bis oben hin mit Weizen beladen.

Sankt Nikolaus ging zu den Schiffsleuten und flehte sie an: „Die Menschen hier haben seit vielen Tagen nichts gegessen. Habt Mitleid mit ihnen und füllt uns ein paar Säcke mit eurem Weizen! Gott wird es euch lohnen."

„Wir möchten euch wirklich gern helfen", sagten die Schiffsleute, „aber wir dürfen es nicht. Das

Korn ist genau abgemessen, und wir kommen ins Gefängnis, wenn bei der Ankunft im Hafen etwas fehlt."

„Helft nur und habt keine Angst!", antwortete ihnen Sankt Nikolaus. „Gebt mir so viel Weizen, dass hier keiner mehr zu sterben braucht. Ich verspreche euch: Wenn ihr mit dem Schiff nach Hause kommt, wird kein Körnlein fehlen."

Die Schiffsleute ließen sich erweichen. Sie füllten ein paar Säcke mit Weizen und gaben sie dem Bischof. Der ließ das Korn mahlen und von dem Mehl Brot backen. Alle aßen und wurden endlich wieder satt. Und es blieb sogar noch so viel Korn übrig, dass die Leute es auf die Äcker säen konnten.

Nach ein paar Tagen fuhr das Schiff weiter, und als es im Heimathafen angekommen war, maßen die Schiffsleute den Weizen: kein Körnlein fehlte!

So hatte Gott auf die Bitte von Sankt Nikolaus ein Wunder getan und den Menschen geholfen.

Legende, nacherzählt von Reinhard Abeln

Lieber, guter Nikolas

Lieber, guter Nikolas,
bring den kleinen Kindern was!
Die großen lässt du laufen,
die können sich was kaufen.

Nikolaus, du guter Gast,
hast du mir was mitgebracht?
Hast du was, so setz dich nieder,
hast du nichts, dann geh nur wieder!

Sankt Niklas, komm in unser Haus,
leer deine großen Taschen aus,
stell den Esel auf den Mist,
dass er Heu und Hafer frisst.
Heu und Hafer frisst er nicht,
Zuckerbrezel kriegt er nicht.

Überliefert

Zünde mich an

Es kam der Tag, da sagte das Zündholz zur Kerze: „Ich habe den Auftrag, dich anzuzünden."
„O nein", erschrak die Kerze, „nur das nicht! Wenn ich brenne, sind meine Tage gezählt. Niemand mehr wird meine Schönheit bewundern."
Das Zündholz fragte: „Aber willst du denn dein Leben lang kalt und hart bleiben, ohne zuvor gelebt zu haben?"
„Aber brennen tut doch weh und zehrt an meinen Kräften", flüsterte die Kerze voller Angst.
„Das ist wahr", entgegnete das Zündholz, „aber das ist doch das Geheimnis unserer Berufung: Wir sind berufen, Licht zu sein. Was ich tun kann, ist wenig. Zünde ich dich aber nicht an, so verpasse ich den Sinn meines Lebens. Ich bin dafür da, Feuer zu entfachen. Du bist eine Kerze. Du sollst hell für andere leuchten und ihnen Wärme schenken. Alles, was du an Schmerz und Leid und Kraft hingibst, wird verwandelt in Licht. Du gehst nicht verloren, wenn du dich verzehrst. Andere werden dein Feuer weitertragen. Nur wenn du dich versagst, wirst du sterben."
Da spitzte die Kerze ihren Docht und sprach voller Erwartung: „Ich bitte dich, zünde mich an!"

Überliefert

Der Wunschzettel

„Das Weihnachtsfest naht schon heran“,
der Hansel sagt’s beim Essen,
„die Wünsche meld ich euch jetzt an,
ihr dürft sie nicht vergessen!

Um Ski und Schlittschuh möchte ich
euch ganz besonders bitten;
auch fehlt, ihr wisst es sicherlich,
mir noch ein neuer Schlitten.
Drei dicke Bücher wünsch ich mir,
Briefmarken auch daneben,
dazu ein Album und Papier,
um sie schön einzukleben.
Ein Domino, ein Schachbrettspiel,
ein Kasperletheater –
und einen neuen Peitschenstiel
vergiss nicht, lieber Vater!

Und viele Tiere auch von Holz
und andere aus Pappe,
Indianerfederkopfschmuck stolz
und eine neue Mappe.
Ein Brennglas, eine Kamera,
ein Blitzlicht für die Nacht –
ich knipse dann von fern und nah,
wie sich’s gerade macht.

Und einen großen Tannenbaum,
daran hundert Lichter glänzen,
mit Marzipan und Zuckerschaum
und Schokoladenkränzen.
Doch scheint euch dies ein wenig viel,
so könnt ihr daraus wählen.
Es könnte wohl der Peitschenstiel
und auch die Mappe fehlen!"

Als Hansel so gesprochen hat,
sieht man die Eltern lachen.
„Was willst du, kleiner Nimmersatt,
mit all den vielen Sachen?"
„Wer so viel wünscht", der Vater spricht,
„bekommt auch nicht ein Achtel.
Er kriegt ein ganz klein wenig Nix
in einer Pfennigschachtel."

Heinrich Seidel

Mir ist das Herz so froh erschrocken

Vom Himmel in die tiefsten Klüfte
ein milder Stern herniederlacht;
vom Tannenwalde steigen Düfte
und hauchen durch die Winterlüfte,
und kerzenhelle wird die Nacht.

Mir ist das Herz so froh erschrocken:
das ist die liebe Weihnachtszeit!
Ich höre fernher Kirchenglocken
mich lieblich heimatlich verlocken
in märchenstille Herrlichkeit.

Ein frommer Zauber hält mich wieder,
anbetend, staunend muss ich stehn.
Es sinkt auf meine Augenlider
ein goldner Kindertraum hernieder.
Ich fühl's, ein Wunder ist geschehn.

Theodor Storm

Es treibt der Wind im Winterwalde

Es treibt der Wind im Winterwalde
die Flockenherde wie ein Hirt,
und manche Tanne ahnt, wie balde
sie fromm und lichterheilig wird,
und lauscht hinaus. Den weißen Wegen
streckt sie die Zweige hin – bereit,
und wehrt dem Wind und wächst entgegen
der einen Nacht der Herrlichkeit.

Rainer Maria Rilke

Es kommt ein Schiff, geladen

Es kommt ein Schiff, geladen
bis an sein' höchsten Bord,
trägt Gottes Sohn voll Gnaden,
des Vaters ewigs Wort.

Das Schiff geht still im Triebe,
es trägt ein teure Last,
das Segel ist die Liebe,
der Heilig Geist der Mast.

Der Anker haft' auf Erden,
da ist das Schiff am Land.
Das Wort soll Fleisch uns werden,
der Sohn ist uns gesandt.

Zu Betlehem geboren
im Stall ein Kindelein,
gibt sich für uns verloren:
Gelobet muss es sein.

Und wer dies Kind mit Freuden
umfangen, küssen will,
muss vorher mit ihm leiden
groß' Pein und Marter viel,

danach mit ihm auch sterben
und geistlich auferstehn,
das ewig Leben erben,
wie an ihm ist geschehn.

Nach Johannes Tauler (um 1300–1361)
von Daniel Sudermann, 1626

O Heiland, reiß die Himmel auf

O Heiland, reiß die Himmel auf,
herab, herab vom Himmel lauf.
Reiß ab vom Himmel Tor und Tür,
reiß ab, wo Schloss und Riegel für.

O Gott, ein' Tau vom Himmel gieß,
im Tau herab, o Heiland, fließ.
Ihr Wolken, brecht und regnet aus
den König über Jakobs Haus.

O Erd, schlag aus, schlag aus, o Erd,
dass Berg und Tal grün alles werd.
O Erd, herfür dies Blümlein bring,
o Heiland, aus der Erden spring.

Wo bleibst du, Trost der ganzen Welt,
darauf sie all ihr Hoffnung stellt?
O komm, ach komm vom höchsten Saal,
komm, tröst uns hier im Jammertal.

O klare Sonn, du schöner Stern,
dich wollten wir anschauen gern;
o Sonn, geh auf; ohn deinen Schein
in Finsternis wir alle sein.

Hier leiden wir die größte Not,
vor Augen steht der ewig Tod.
Ach komm, führ uns mit starker Hand
vom Elend zu dem Vaterland.

Friedrich Spee von Langenfeld

Ein Licht anzünden

Konfuzius, der große Chinese,
hat einmal gesagt:
„Es ist besser, ein Licht anzuzünden,
als über die Dunkelheit zu klagen."

An jedem Tag
der Advents- und Weihnachtszeit
bietet sich uns die Gelegenheit,
ein Licht anzuzünden:

– für einen Menschen,
  in dem es dunkel und kalt geworden ist,
– für ein Kind, das weint,
– für einen Kranken,
  der nicht fertig wird mit seiner Krankheit,
– für einen Nachbarn,
  der auf ein gutes Wort wartet …

Ein Licht anzünden
können wir allerdings nur,
wenn wir unser Licht
an dem entzündet haben,
der von sich sagt:
„Ich bin das Licht der Welt.
Wer mir nachfolgt,
wird nicht in der Finsternis untergehen,
sondern wird das Licht des Lebens haben“
(Joh 8,12).

Reinhard Abeln

Kinder vor einem weihnachtlichen Schaufenster

So war es, wenn sie träumten, so wie dies,
so still und fern und doch so seltsam nah.
Nur dass der Traum sie allzu bald verließ,
dies Holde aber ist noch immer da.

Ein Rad mit Flügeln hält sich in Bewegung,
darunter zwei verzierte Kerzen glühn,
und zwischen ihnen gleitet ohne Regung
ein Hirt im Kreis herum mit seinen Küh'n.

Der König Nussknacker, bereit zum Bisse,
rollt seine Augen vor Begier und Groll.
Und Puppen blicken groß ins Ungewisse
und lächeln um den Mund geheimnisvoll.

Und eine Brigg, die unter einer Wolke
von Goldlicht schweigend in die Ferne weht,
ein Maat, der über dem Matrosenvolke
mit seinem Fernrohr auf der Brücke steht,

und Harlekins an langen Flitterschnüren
und Weihnachtskugeln, die den Schwebeglanz
der Welt gespiegelt da- und dorthin führen,
und obenher ein leichter Engeltanz ...

so war es manchmal, wenn sie träumten, auch.
Sie staunen sinnender in das Geblitz,
als ahnten sie, dass immer doch der Hauch
der Sehnsucht süßer ist als der Besitz.

Manfred Hausmann

Josef und der Engel

Joseph kam von Judäa nach Galiläa und dachte darauf, die ihm verlobte Jungfrau zum Weibe heimzuführen; denn es waren bereits drei Monate verflossen und der vierte stand bevor, seit der Zeit, wo sie ihm verlobt worden war. Da unterdessen der Leib der schwangeren Jungfrau allmählich an Stärke zugenommen hatte, so fing sie an, sich als eine Schwangere kundzugeben, und dieses konnte denn auch dem Joseph nicht verborgen bleiben. Denn als er nach der Sitte eines Bräutigams mit mehr Freiheit zu der Jungfrau hineinging und vertraulicher mit ihr redete, entdeckte er, dass sie schwanger war.

Es fing daher in seinem Herzen an zu wallen und zu wogen, weil er nicht wusste, was er doch hauptsächlich und vor allen Dingen tun sollte. Denn dem Gespött der Leute wollte er sie nicht aussetzen, weil er zu gerecht war; und durch den Verdacht der Hurerei wollte er sie auch nicht übel beleumunden, weil er zu fromm war. Daher gedachte er, ohne ihr Wissen das Verlöbnis aufzulösen und sie heimlich zu verlassen.

Während er aber darüber nachdachte, siehe, da erschien ihm ein Engel des Herrn im Schlafe, der sprach zu ihm: „Joseph, du Sohn Davids, fürchte dich nicht, das heißt, hege nicht den Argwohn der Hurerei gegen die Jungfrau, noch denke etwas Arges von ihr und fürchte dich auch nicht, sie als dein Weib zu dir zu nehmen. Denn was in ihr geboren ist und jetzt dein Herz ängstiget, das ist nicht das Werk eines Menschen, sondern des Heiligen Geistes. Denn sie wird unter allen allein als Jungfrau den Sohn Gottes gebären, und dessen Namen sollst du Jesus heißen, das ist: Erlöser; denn er wird sein Volk erlösen und selig machen von seinen Sünden."

Also tat Joseph, wie ihm der Engel befohlen hatte, und nahm die Jungfrau als sein Weib zu sich; jedoch erkannte er sie nicht, sondern pflegte und überwachte sie in aller Keuschheit.

Und schon stand der neunte Monat nach der Empfängnis bevor, als Joseph sein Weib nebst anderem, was notwendig war, zu sich nahm und sich aufmachte nach der Stadt Betlehem, woher er selbst war.

Es begab sich aber, als sie dort waren, da wurden die Tage erfüllt, dass sie gebären sollte, und sie gebar ihren erstgebornen Sohn, wie die heiligen Evangelisten gelehrt und erzählt haben, unsern Herrn Jesum Christum, der mit dem Vater und dem Sohne und dem Heiligen Geiste lebt und als Gott regiert von Ewigkeit zu Ewigkeit.

Aus einem deutschen Volksbuch

Erwartung

Die Kindlein sitzen im Zimmer –
Weihnachten ist nicht mehr weit –
bei traulichem Lampenschimmer
und jubeln: „Es schneit! Es schneit!“

Das leichte Flockengewimmel,
es schwebt durch die dämmernde Nacht
herunter vom hohen Himmel,
vorüber am Fenster so sacht.

Und wo ein Flöckchen im Tanze
an den Scheiben vorüberschweift,
da flimmert’s in silbernem Glanze,
vom Lichte der Lampe bestreift.

Die Kindlein sehn’s mit Frohlocken.
Sie drängen ans Fenster sich dicht.
Sie verfolgen die silbernen Flocken …
Die Mutter lächelt – und spricht:

„Wisst, Kinder, die Engelein schneidern
im Himmel jetzt früh und spät.
An Puppendecken und Kleidern
wird auf Weihnachten genäht.

Da fällt von Säckchen und Röckchen
manch silberner Flitter beiseit',
vom Bettchen manch Federflöckchen.
Auf Erden sagt man: ‚Es schneit!'

Und seid ihr recht lieb und vernünftig,
ist manches für euch auch bestellt.
Wer weiß, was Schönes euch künftig
vom Tische der Engelein fällt!"

Die Mutter spricht's. Vor Entzücken
den Kleinen das Herze lacht.
Sie träumen mit seligen Blicken
hinaus in die zaub'rische Nacht.

Karl Gerok

Morgen, Kinder, wird's was geben

Morgen, Kinder, wird's was geben,
morgen werden wir uns freun.
Welch ein Jubel, welch ein Leben
wird in unserm Hause sein.
Einmal werden wir noch wach,
heißa, dann ist Weihnachtstag.

Wie wird dann die Stube glänzen
von der großen Lichterzahl,
schöner als bei frohen Tänzen
ein geputzter Kronensaal!
Wisst ihr, wie im vorigen Jahr
es am Weihnachtsabend war?

Wisst ihr noch mein Räderpferdchen,
Malchens nette Schäferin,
Jettchens Küche mit dem Herdchen
und dem blank geputzten Zinn?
Heinrichs bunten Harlekin
mit der gelben Violin?

Wisst ihr noch die Scherenschnitte
und die Hirten vor dem Stall?
Eine Puppe für Brigitte
und für mich den bunten Ball?
Franzls neue Eisenbahn
und das viele Marzipan?

Wisst ihr noch den großen Wagen
und die schöne Jagd von Blei?
Unsre Kleiderchen zum Tragen
und die viele Näscherei?
Meinen fleiß'gen Sägemann
mit der Kugel unten dran?

Wisst ihr, wie wir Lieder sangen
unterm bunten Weihnachtsbaum?
Wie vom Turm die Glocken klangen?
Alles war uns wie im Traum.
Wisst ihr noch vom vorigen Jahr,
wie's am Weihnachtsabend war?

Welch ein schöner Tag ist morgen!
Neue Freuden hoffen wir.
Unsre guten Eltern sorgen
lange, lange schon dafür.
O gewiss, wer sie nicht ehrt,
ist der ganzen Lust nicht wert.

Karl Friedrich Splittgarb

Christkind

Die Nacht vor dem Heiligen Abend,
da liegen die Kinder im Traum;
sie träumen von schönen Sachen
und von dem Weihnachtsbaum.

Und während sie schlafen und träumen,
wird es am Himmel klar,
und durch den Himmel fliegen
drei Engel wunderbar.

Sie tragen ein holdes Kindlein,
das ist der Heil'ge Christ;
es ist so fromm und freundlich,
wie keins auf Erden ist.

Und wie es durch den Himmel
still über die Häuser fliegt,
schaut es in jedes Bettchen,
wo nur ein Kindlein liegt.

Und freut sich über alle,
die fromm und freundlich sind;
denn solche liebt von Herzen
das liebe Himmelskind.

Wird sie auch reich bedenken
mit Lust aufs allerbest'
und wird sie schön beschenken
zum lieben Weihnachtsfest.

Heut schlafen noch die Kinder
und sehn es nur im Traum,
doch morgen tanzen und springen
sie um den Weihnachtsbaum.

Robert Reinick

Mit den Hirten will ich gehen

Als ich bei meinen Schafen wacht'

Als ich bei meinen Schafen wacht',
ein Engel mir die Botschaft bracht'.
Des bin ich froh,
froh, froh, froh!
Benedicamus domino.

Er sagt, es soll geboren sein
zu Betlehem ein Kindelein.
Des bin ich froh,
froh, froh froh!
Benedicamus domino.

Er sagt, das Kind liegt dort im Stall
und soll die Welt erlösen all.
Des bin ich froh,
froh, froh, froh!
Benedicamus domino.

Köln, 1623

Sterne wandern groß und klar

Sterne wandern groß und klar
durch des Himmels dunkle Runde
und aus eines Engels Munde
blüht die Botschaft wunderbar.

Sag, fällt dir das Freuen schwer?
Hat dein Herz zu viel erfahren?
Sieh, in großen Engelscharen
hält dein Hoffen Wiederkehr!

Walter Hauser

Was soll das bedeuten?

Was soll das bedeuten? Es taget ja schon.
Ich weiß wohl, es geht erst um Mitternacht
rum.]
Schaut nur daher, schaut nur daher!
Wie glänzen die Sternlein je länger je mehr.

Treibt zusammen, treibt zusammen,
die Schäflein fürbass.]
Treibt zusammen, treibt zusammen,
dort zeig ich euch was.]
Dort in dem Stall, dort in dem Stall,
werdet Wunderding sehen,
treibt zusammen einmal!]

Ich hab nur ein wenig von Weitem geguckt,
da hat mir mein Herz schon vor Freuden
gehupft:]
Ein schönes Kind, ein schönes Kind
liegt dort in der Krippe bei Esel und Rind.

Ein herziger Vater, der steht auch dabei;
eine wunderschöne Jungfrau kniet auch auf
dem Heu.]
Um und um singt's, um und um klingt's,
man sieht ja kein Lichtlein, so um und um
brinnts.]

So gehet und nehmet ein Lämmlein vom Gras
und bringet dem schönen Christkindlein etwas!
Geht nur fein sacht! Geht nur fein sacht,
auf dass ihr dem Kindlein kein Unruh
nicht macht!]

Verfasser unbekannt

Die Flöte des Hirtenjungen

In der Nacht, in der der Heiland geboren wurde, lief ein Hirtenjunge durchs Gebirge bei Betlehem. Er suchte nach einem entlaufenen Schaf. Und während die Luft schon erfüllt war vom Lobgesang der Engel, war er noch erfüllt von der Sorge um sein Lamm.

Da stand plötzlich ein Engel vor ihm und sagte: „Mach dir keine Sorgen um dein Schaf! Heute ist ein größerer Hirte geboren. Lauf nach Betlehem, dort liegt der Retter der Welt in einer Krippe!“

„Der Retter der Welt“, antwortete der Junge, „zu ihm kann ich nicht ohne Gabe kommen!“

„Nimm diese Flöte und spiele für das Kind“, sagte der Engel und war verschwunden.

Vor den Füßen des Hirtenjungen lag eine silbern glänzende Flöte. Sieben himmelreiche Töne hatte sie und spielte von selber, als er hineinblies.

Fröhlich sprang der Junge den Berg hinunter, achtete nicht auf den Weg und schlug der Länge nach hin. Im Fallen verlor er die Flöte und einen Fluch. Als er die Flöte wieder aufnahm, war sie um einen Ton ärmer.

Plötzlich saß vor ihm auf dem Pfad ein großer Wolf. „Du Schafsmörder!“, rief der Junge und warf die Flöte nach dem Tier. Der Wolf war verschwunden, aber auch ein weiterer Ton von der Flöte.

Dann war er bei seiner Herde. Alle Tiere lagen friedlich. Nur ein Schaf strich noch herum und blökte laut. Der Junge wollte es in den Pferch treiben. Als es nicht folgte, warf er mit der Flöte nach dem Tier. Wieder verlor sie einen Ton.

Aber wo waren die anderen Hirten? Bestimmt im Wirtshaus bei Kartenspiel und Bier. Voller Groll schwang der Hirtenjunge die Flöte in der Hand – und wieder hatte sie einen Ton weniger.

Nun lief er nach Betlehem. Am Stadttor umringten ihn die Straßenjungen. Sie wollten ihm die schöne Flöte abnehmen. Es gab eine Balgerei und Schlägerei. Die Flöte behielt er, aber sie verlor noch einen Ton.

Jetzt sah er schon den Stall. Über dem Dach strahlte ein heller Stern. Doch auf dem Hof lief der Kettenhund auf ihn zu, und der Junge wehrte sich mit der Flöte. Nun hatte sie nur noch einen einzigen Ton.

Der Junge schämte sich sehr. Seine Gabe war so klein geworden. Er ging in den Stall, sah das Kind in der Krippe und spielte seinen einzigen, letzten Ton.

Er klang mild und rein. Maria und Josef, Ochs und Esel und alle im Stall lauschten und wunderten sich. Das Kind aber streckte die Hand aus und berührte die Flöte. Im selben Augenblick wurde sie wieder, wie der Junge sie empfangen hatte, volltönend, ganz und rein.

Nach einer norwegischen Legende

Mit den Hirten will ich gehen

Mit den Hirten will ich gehen,
meinen Heiland zu besehen,
meinen lieben heil'gen Christ,
der für mich geboren ist.

Mit den Engeln will ich singen,
Gott zur Ehre soll es klingen,
von dem Frieden, den er gibt
jedem Herzen, das ihn liebt.

Mit den Weisen will ich geben,
was ich Höchstes hab im Leben,
geb zu seligem Gewinn
ihm das Leben selber hin.

Mit Maria will ich sinnen
ganz verschwiegen und tief innen
über dem Geheimnis zart:
Gott im Fleisch geoffenbart.

Mit dir selber, mein Befreier,
will ich halten Weihnachtsfeier;
komm, ach komm ins Herz hinein,
lass es deine Krippe sein.

Emil Quandt

Fürcht't euch nicht

Gesegnet sei die Heilige Nacht,
die uns das Licht der Welt gebracht! –
Wohl unterm lieben Himmelszelt
die Hirten lagen auf dem Feld.
Ein Engel Gottes, licht und klar,
mit seinem Gruß tritt auf sie dar.

Vor Angst sie decken ihr Angesicht,
da spricht der Engel: „Fürcht't euch nicht!
Ich verkünd euch große Freud:
Der Heiland ist euch geboren heut."
Da gehn die Hirten hin in Eil,
zu schaun mit Augen das ewig Heil;
zu singen dem süßen Gast Willkomm,
zu bringen ihm ein Lämmlein fromm. –

Bald kommen auch gezogen fern
die Heil'gen Drei König mit ihrem Stern.
Sie knien vor dem Kindlein hold,
schenken ihm Myrrhen, Weihrauch, Gold.
Vom Himmel hoch der Engel Heer
frohlocket: „Gott in der Höh sei Ehr!"

Eduard Mörike

Der neue König braucht auch Tölpel

Unter den Hirten auf dem Feld in Betlehem war auch ein Einfältiger. Er wurde von den anderen nur Tölpel genannt.
Als eines Nachts der Engel des Herrn erschien, um ihnen die Geburt Christi anzukündigen, begriff der Tölpel seine Worte nicht. Aber überwältigt von dem Glanz, der von dem Engel ausging, fiel auch er, im Innersten erschrocken, auf die Knie.
Und als die andern, wie der Engel es ihnen gesagt hatte, sich aufmachten, das Kind zu finden, wollte auch er mit ihnen gehen.
Aber die Hirten schämten sich seiner, denn sein Gewand war zerrissen, sein Bart struppig und der Ausdruck seines Gesichts blöd.
„Bleib du hier bei den Schafen und beim Feuer", sagten sie. „Das Kind, das wir suchen, ist kein gewöhnliches Kind, sondern ein König. Einen Tölpel, wie du einer bist, kann er nicht brauchen."
Doch der Tölpel ließ sich von ihren Worten nicht einschüchtern. Er lief ihnen nach, auch wenn er Mühe hatte zu folgen.
„Was willst du ihm denn schenken?", spotteten sie. Da sah der Tölpel erst, dass sie alle beladen waren, mit Milch und Honig, mit Wolle von den Schafen, mit Käse und Brot.

Daran hatte er nicht gedacht. Er wurde sehr betrübt. Aber auf einmal heiterte sich seine Miene auf und er rief voller Stolz: „Ich könnte die Fliegen von seinem Gesicht verscheuchen."
„Was glaubst du eigentlich!", riefen die andern zurück. „Dazu sind die Engel da!" Der Tölpel wurde sehr traurig. Aber auf einmal heiterte sich seine Miene wieder auf und er rief voller Stolz: „Ich könnte seine Füße reiben, um es zu wärmen."
„Was glaubst du eigentlich!", riefen die andern zurück. „Dazu sind die Engel da!"
Der Tölpel fing an zu weinen. Aber auf einmal heiterte sich seine Miene zum dritten Mal auf und er rief voller Stolz: „Ich könnte ihm ein Lied singen, damit es schlafen kann."
„Was glaubst du eigentlich!", riefen die andern zurück. „Dazu sind die Engel da!"
Der Tölpel war nun sehr betrübt, sehr traurig und weinte. Aber er gab nicht auf. Er wollte den König und die Engel, die von seinem Gesicht die Fliegen verscheuchten, die seine Füße rieben und ihm ein Lied sangen, wenigstens von Weitem sehen.
Endlich standen die Hirten vor dem Stall und sie fanden das Kind in einer Krippe liegen, arm und bloß.
Maria und Josef hatten mit den vielen Gästen alle Hände voll zu tun, denn nicht nur die Hirten, sondern auch die drei Könige hatten den Weg zur Krippe gefunden.

„Ach“, seufzte Maria, „wenn ich nur jemanden hätte, der dem Kind die Fliegen verscheucht, der ihm die Füße reibt und ihm ein Schlaflied singt!“
Da trat der Tölpel näher. Und als er weit und breit keine Engel sah, da wischte er seine Tränen ab, lachte vor Freude und kniete vor der Krippe nieder.
Er verscheuchte die Fliegen. Er rieb dem Kind die Füße, um es zu wärmen, und sang ihm ein Lied, bis es einschlief.
Maria und Josef und die drei Könige staunten. Die Hirten aber schämten sich und nahmen ihn auf dem Heimweg in ihre Mitte. Sie wussten nun, dass der neue König auch den Tölpel braucht.

Max Bolliger

Der Mann, der dabei war

Ben-Asra, der Hirte, zog von Betlehem nach Jerusalem, um ein Lamm zu opfern. Als er durch Betanien, das kleine Dorf am Ölberg, kam, gedachte er zu rasten; es war heiß und er war nicht mehr der Jüngste. Zudem war es ein anmutiger, einladender Ort vor der Heiligen Stadt, die er stets mit einigem Bangen betrat; denn er lebte jahrein, jahraus mit seiner Herde abseits vom Treiben der Welt.
Die Unruhe der nahen Stadt, so dünkte den Hirten, kündigte sich schon in Betanien an. Die Dörfler

standen vor ihren Häusern in erregtem, scheuem Gespräch, und seltsame Kunde drang an Ben-Asras Ohr, von einem heiligen Mann, von messianischen Wunderheilungen und von Totenerweckungen. Der Hirte ließ sich, das Lamm auf dem Schoß, unter einem Feigenbaum vor einem Hause nieder, das ein wenig abseits vom Dorfe stand, mit freier Aussicht auf die hoch gebaute Stadt und den Tempel auf dem Berge Moriah. Ben-Asra zog sein Brot heraus, aß geruhsam, tränkte auch das Lamm aus einer Lederflasche und wollte sich eben wieder auf den Weg machen, als eine Frau sich aus der Tür neigte und ihn bat einzutreten: drinnen sei es kühl und ein Schluck roten Weines werde ihm guttun.

Also trat der Hirte ins Haus. Die Frau, die ihn hereingerufen hatte, kniete vor einem Stein und mahlte Körner aus. Nur manchmal hielt sie inne und blickte zu den anderen Hausbewohnern hinüber, die untätig beieinander saßen in vertrautem Gespräch, einem jungen rotblonden Weibe und einem jungen Menschen mit einem weißen, zarten Gesicht und verwunderten Augen. Noch jemand war zu Gaste: ein bärtiger Mann, kaum älter als dreißig Jahre, der den Hirten willkommen hieß. Der band das Lamm an einen Ring am Herd und setzte sich zu den anderen.

Sie fragten ihn, woher er komme und wohin er wolle. Der Wein, den man ihm bot, machte ihn gesprächig. Er wusste selbst nicht, wie es kam, dass er, der Wortkarge, Bedächtige, ins Erzählen geriet, dass er von seinem Hirtenleben sprach, dem friedfertigen, ereignislosen Dasein mit den Tieren.

Aufmerksam und freundlich hörten seine Wirte ihm zu. Ben-Asra sprach zu allen und vornehmlich zu dem Bärtigen, als müsse er ihm sagen, was ihn bewegte. Denn einmal, vor etwa dreißig Jahren, hatte sich doch etwas ereignet auf dem Felde bei den Herden, als er mit seinen Gefährten des Nachts die Schafe hütete. Damals – es war wohl vor ihrer Zeit gewesen – hatte der römische Kaiser Augustus im ganzen Reiche eine Volkszählung angeordnet, um zu erfahren, über wie viele Menschen er regiere, welchen Beruf und welchen Verdienst sie hätten und woher sie gebürtig seien. Bis zu ihnen in die Berge bei Betlehem seien die Leute wegen eines Nachtquartiers gekommen, da jeder sich in seinem Heimatort melden musste.

„Wir hatten“, so erzählte er, „einen kleinen Stall dort, zum Schutz für Mensch und Tier bei schlechtem Wetter, für die lammenden Schafe und die kalbenden Rinder. Da kam zu uns ein Zimmermann aus Nazaret mit seiner jungen Frau, die schwanger war, und bat um Herberge für die Nacht. Der Mann selbst war nicht mehr jung. Er wärmte seine Hände an dem Rind, das im Stalle stand bei unserem Esel, mit dem wir die Milch in tönernen Krügen nach Betlehem zu bringen pflegten. Wir schneiden aus dem Kaktus runde Scheiben und schließen damit die Krüge, damit die Milch nicht überschwappt.

Auf einem Lager von Stroh im Stall ruhte die Frau und wartete furchtsam auf ihre Stunde. Ich war damals“, sagte der Hirte zu dem jungen Mann gewandt, „nicht älter als du, sechzehn Jahre vielleicht; aber was in jener Nacht geschah, werde ich mein Lebtag nicht vergessen.

Ich saß mit meinem Vater am Berghang, nicht weit vom Stall, unter der Sternenwiese. Über dem Stall stand ein besonders heller Stern, den wir noch nie gesehen hatten. Auf einmal wurden die Tiere unruhig – wie bei einem Gewitter. Die Schafe blökten und drängten sich aneinander und die Rinder brüllten in die Nacht. Man sah ihren warmen Atem. Der Mond schien nicht, aber es war sternklar, dunkel, aber nicht finster, wolkenlos. Vom Stall herüber tönte das Schreien der jungen Frau. Ihr kennt das: Es ist Schmerz und Lust zugleich. Dann hörte man das Kind weinen. Da wurde es plötzlich taghell um uns, und während unser Hund sich wimmernd verkroch und die Schafe, in die Knie brechend, sich duckten, sahen wir einen Engel vor uns stehen. Ich hatte noch nie einen Engel gesehen, aber ich wusste sogleich, dass dies kein Mensch war wie ihr und ich. Er redete uns an mit einer Stimme voll Wohllaut, sagte uns, dass wir uns nicht fürchten sollten. ‚Denn‘, so sagte er, er sang es beinahe, ‚heute ist euch der Heiland geboren, welcher ist Christus, der Herr, in der Stadt Davids.‘ Denkt euch: in unserem Stall! Während es so mit tausend Stimmen in den Lüften sang zum Lobe Gottes, lie-

fen wir hinüber und sahen das Kind in Windeln gewickelt und in der Eselskrippe liegend.
Wir knieten nieder und beteten es an. – Ich habe einen Engel gesehen, ich, Ben-Asra, ein Hirte. Warum ich? Aber so war es, so unwahrscheinlich es klingt. Und ich habe mit diesen Augen das Kind gesehen, so wie ich dich sehe, Herr, und euch. Was bedarf es mehr? Und der Ochs und der Esel beugten vor ihm die Knie mit uns und verbeugten sich tief."
Der Hirte schwieg. Die Frau an der Kornmühle, die Hände auf dem Stein, hatte schon lange innegehalten; sie wandte ihre fragenden Augen von dem Hirten ab und dem Bärtigen zu. Der aber gebot ihr zu schweigen.
Und dann, sich erinnernd, fügte der Hirte hinzu: „Es war ein so reizendes Kind, Herr. Ich möchte wohl wissen, was aus ihm geworden ist."
Er erhob sich, dankte, band sein Lamm los und ging hinauf nach Jerusalem.

Ernst Penzoldt

Zu Betlehem, da ruht ein Kind

Geboren ist das Kind zur Nacht

Geboren ist das Kind zur Nacht
für dich und mich und alle,
drum haben wir uns aufgemacht
nach Betlehem zum Stalle.

Sei ohne Furcht, der Stern geht mit,
der Königsstern der Güte,
dem darfst du trauen, Schritt für Schritt,
dass er dich wohl behüte.

Und frage nicht und rate nicht,
was du dem Kind sollst schenken.
Mach nur dein Herz ein wenig licht,
ein wenig gut dein Denken,

mach deinen Stolz ein wenig klein
und fröhlich mach dein Hoffen –
so trittst du mit den Hirten ein,
und sieh: die Tür steht offen.

Ursula Wölfel

Welch Geheimnis ist ein Kind

Welch Geheimnis ist ein Kind!
Gott ist auch ein Kind gewesen.
Weil wir Kinder Gottes sind,
kam ein Kind, uns zu erlösen.

Welch Geheimnis ist ein Kind!
Wer dies einmal je empfunden,
ist den Kindern alle Zeit
durch das Jesuskind verbunden.

Clemens Brentano

Nun sei uns willkommen, Herre Christ

Nun sei uns willkommen,
Herre Christ,
der du unser aller Herre bist,
willkommen auf Erden.

Aachen (13. Jahrhundert)

Ihr Kinderlein, kommet

Ihr Kinderlein, kommet, o kommet doch all,
zur Krippe her kommet in Betlehems Stall,
und seht, was in dieser hochheiligen Nacht
der Vater im Himmel für Freude uns macht!

O seht in der Krippe im nächtlichen Stall,
seht hier bei des Lichtes hellglänzendem Strahl
in reinlichen Windeln das himmlische Kind,
viel schöner und holder, als Engel es sind.

Da liegt es, ach Kinder, auf Heu und auf Stroh,
Maria und Josef betrachten es froh;
die redlichen Hirten knien betend davor;
hoch oben schwebt jubelnd der Engelein Chor.

O beugt wie die Hirten anbetend die Knie;
erhebet die Hände und danket wie sie!
Stimmt freudig, ihr Kinder, wer sollt sich
nicht freun,]
stimmt freudig zum Jubel der Engel mit ein!

Christoph von Schmid

Auf einer Krippe

Komm nun wieder, stille Zeit,
Krippe, Stern und Kerzen,
will in allem Erdenleid
diese Welt verschmerzen.

Aus den Windeln lächelt's stumm
zu der Mutter Neigen,
Ochs und Esel stehn herum,
und die Sterne schweigen.

Schuld und Fehle rechnen nicht,
jedes Herz muss tragen,
scheine wieder, sanftes Licht,
wie in Kindertagen.

Tief darüber beug ich mich,
Gleichnis allen Lebens,
Ende fügt zum Anfang sich,
nichts scheint mehr vergebens.

Wenn sich jede Tür verschließt,
eins kannst du bewahren:
Dass du vor der Liebe kniest
noch in weißen Haaren.

Ernst Wiechert

Stille Nacht, heilige Nacht

Stille Nacht, heilige Nacht!
Alles schläft, einsam wacht
nur das traute, hochheilige Paar,
holder Knabe im lockigen Haar,
schlaf in himmlischer Ruh,
schlaf in himmlischer Ruh.

Stille Nacht, heilige Nacht!
Gottes Sohn, o wie lacht
Lieb aus deinem göttlichen Mund,
da uns schlägt die rettende Stund,
Christ, in deiner Geburt,
Christ, in deiner Geburt.

Stille Nacht, heilige Nacht!
Hirten erst kundgemacht!
Durch der Engel Halleluja
tönt es laut von fern und nah:
Christ, der Retter, ist da!
Christ, der Retter, ist da!

Joseph Mohr

Es ist ein Ros entsprungen

Es ist ein Ros entsprungen
aus einer Wurzel zart,
wie uns die Alten sungen,
von Jesse kam die Art,
und hat ein Blümlein bracht
mitten im kalten Winter
wohl zu der halben Nacht.

Das Röslein, das ich meine,
davon Jesaja sagt,
ist Maria, die Reine,
die uns das Blümlein bracht.
Aus Gottes ewgem Rat
hat sie ein Kind geboren
und blieb doch reine Magd.

Das Blümelein so kleine,
das duftet uns so süß;
mit seinem hellen Scheine
vertreibt's die Finsternis,
wahr' Mensch und wahrer Gott,
hilft uns aus allem Leide,
rettet von Sünd und Tod.

Mainz um 1587/88
(3. Strophe: Friedrich Layritz, 1844)

Esel um Christi willen

Ist es nicht des Nachdenkens wert, warum – neben dem Ochsen – ausgerechnet ein Esel bei dem großen Wunder der Heiligen Nacht zugegen sein durfte? Anstelle des Esels hätten doch genauso gut ein Pferd, ein Schaf, eine Ziege oder ein Schwein bei der Krippe anwesend sein können!

Für mich ist der Esel ein sehr sympathisches Tier. Wie bescheiden, wie demütig, wie gutmütig er doch aussieht! Allein schon die äußere Erscheinung – das schlichte, graue Fellkleid – macht ihn so liebenswert! Oder könnten wir uns den Esel in einem anderen Gewand als diesem vorstellen?

Demütig und gutmütig nimmt der Esel alle Lasten auf sich. Und was laden ihm die Menschen nicht alles auf! Oft so viel, dass er darunter fast zusammenbricht. Er wehrt sich nicht dagegen, bockt nicht auf, und wenn er einmal aufschreien sollte, dann bedeutet sein Schrei nichts anderes als ein „Iah".

Weil der Esel nicht lärmt und sich nicht so wichtig nimmt, wird er auch nicht sonderlich beachtet. Ihm ist es selbstverständlich, für andere da zu sein. Dafür bekommt er keinen Verdienstorden, sondern nur eine Handvoll Heu – und manchmal ein paar Fußtritte, wenn er ungeschickt stolpert …

Ebenso sympathisch – wie die Esel – sind auch die Menschen, die einfach und bescheiden sind, die

nichts aus sich machen, die mit größter Selbstverständlichkeit und ohne Aufhebens die Lasten für andere tragen. Sie werden kaum beachtet; trotzdem sind sie immer wieder bereit, für Gott und sein Reich in dieser Welt da zu sein.
Soll die Welt gerettet werden, dann geschieht dies nicht durch die Philosophen und die Siebenmalgescheiten, sondern durch die schlichten und einfachen Menschen, durch die Bescheidenen und Demütigen, eben durch die „Esel um Christi willen".
Diese mögen sich manchmal in der Welt einsam, vergessen und abgeschrieben vorkommen. Von Gott sind sie nicht vergessen und nicht verachtet. Denn, so sagt ein weises Wort, „den Demütigen ist das Kind in der Krippe in Liebe nahe".

Reinhard Abeln

Zu Betlehem, da ruht ein Kind

Zu Betlehem, da ruht ein Kind,
im Kripplein eng und klein,
das Kindlein ist ein Gotteskind,
nennt Erd' und Himmel sein.
Zu Betlehem, da liegt im Stall,
bei Ochs und Eselein,
der Herr, der schuf das Weltenall,
als Jesukindchen klein.

Von seinem gold'nen Thron herab
bringt's Gnad und Herrlichkeit,
bringt jedem eine gute Gab',
die ihm das Herz erfreut.
Der bunte Baum vom Licht erhellt,
der freuet uns gar sehr,
ach, wie so arm die weite Welt,
wenn's Jesukind nicht wär'!

Das schenkt uns Licht und Lieb' und Lust
in froher, heil'ger Nacht.
Das hat, als es nichts mehr gewusst,
sich selbst uns dargebracht.
O wenn wir einst im Himmel sind,
den lieben Englein nah,
dann singen wir dem Jesukind
das wahre Gloria.

Annette von Droste-Hülshoff

Der Wolf an der Krippe

Es war einmal ein Wolf. Er lebte in der Gegend von Betlehem. Die Hirten wussten um seine Gefährlichkeit und waren allabendlich damit beschäftigt, ihre Schafe vor ihm in Sicherheit zu bringen. Stets hatte einer von ihnen Wache zu halten, denn der Wolf war hungrig, listig und böse.

Es war in der Heiligen Nacht. Eben war der wundersame Gesang der Engel verstummt. Ein Kind sollte geboren worden sein, ein Knabe.

Der Wolf wunderte sich sehr, dass die rauen Hirten allesamt hingingen, um ein Kind anzusehen. „Wegen eines neugeborenen Kindes solch ein Getue", dachte der Wolf. Aber neugierig geworden und hungrig, wie er war, schlich er ihnen nach. Beim Stall angekommen, versteckte er sich und wartete. Als die Hirten nach der Huldigung an Jesus sich von Maria und Josef verabschiedeten, hielt der Wolf seine Zeit für gekommen. Er wartete noch, bis Maria und Josef eingeschlafen waren; die ausgestandene Sorge und die Freude über das Kind hatten sie sehr müde gemacht. „Umso besser", dachte der Wolf, „ich werde mit dem Kind beginnen."

Auf leisen Pfoten schlich er in den Stall. Niemand bemerkte sein Kommen. Allein das Kind. Es blickte voll Liebe auf den Wolf, der, Tatze vor Tatze setzend, sich lautlos an die Krippe heranschob. Er

hatte den Rachen weit geöffnet und die Zunge hing ihm heraus. Er war schrecklich anzusehen. Nun stand er dicht neben der Krippe.
„Ein leichtes Fressen“, dachte der Wolf und schleckte sich begierig die Lefzen. Er setzte zum Sprung an. Da berührte ihn behutsam und liebevoll die Hand des Jesuskindes. Das erste Mal in seinem Leben streichelte jemand sein hässliches, struppiges Fell, und mit einer Stimme, wie der Wolf sie noch nie vernommen, sagte das Kind: „Wolf, ich liebe dich.“
Da geschah etwas Unvorstellbares – im dunklen Stall von Betlehem platzte die Tierhaut des Wolfes – und heraus stieg ein Mensch. Ein wirklicher Mensch. Der Mensch sank in die Knie, küsste die Hände des Kindes und betete es an.
Alsdann verließ er den Stall – lautlos, wie er zuvor als Wolf gekommen – und ging in die Welt, um allen zu künden: Dieses göttliche Kind kann dich erlösend berühren!

Verfasser unbekannt

Ich habe das Christkind gesehn

Denkt euch –
ich habe das Christkind gesehn!
Es kam aus dem Walde,
das Mützchen voll Schnee,
mit rot gefrorenem Näschen.

Die kleinen Hände taten ihm weh,
denn es trug einen Sack,
der war gar schwer,
schleppte und polterte hinter ihm her.

Was drin war, möchtet ihr wissen?
Ihr Naseweise, ihr Schelmenpack –
meint ihr, er wäre offen der Sack?
Zugebunden bis oben hin!
Doch war gewiss was Schönes drin:
Es roch so nach Äpfeln und Nüssen!

Anna Ritter

Bei Ochsen und bei Schafen

Bei Ochsen und bei Schafen
kann man nicht schlafen,
da tut es sich eröffnen
das himmlische Tor,
da kugeln die Engel
ganz haufenweis hervor.

„Des Knaben Wunderhorn", 1808

Das Mädchen ohne Hände

Zum Kind in der Krippe kam auch ein Mann
mit seiner kleinen Tochter. Die hatte
keine Hände.]
Da sagte die Mutter Jesu zu ihr:
„Reiche mir doch das Kind aus der Krippe!"
Das Mädchen sagte traurig:
„Das kann ich nicht. Ich habe ja keine Hände."
„Tu's nur!", sagte Maria und lächelte sie an.
Da schob das Mädchen seine Armstümpfe
unter das Kind, und in diesem Augenblick
wuchsen ihm Hände.

Nach einer Legende

Wacht auf, ihr Menschen

Wacht auf, ihr Menschen, ja, auch du!
Das Wunder ist geschehen.
Maria wiegt das Kind zur Ruh
und Josef deckt es sachte zu.
Nun muss die Nacht vergehen.

Steig auf, du Stern! Flieg hin, du Wind!
Die Schatten sollt ihr jagen.
Geboren ist im Stall das Kind,
damit wir alle fröhlich sind
in unsern dunklen Tagen.

Ursula Wölfel

So ward der Herr Jesus geboren

So ward der Herr Jesus geboren
im Stall bei der kalten Nacht.
Die Armen, die haben gefroren,
den Reichen war's warm gemacht.

Sein Vater ist Schreiner gewesen.
Die Mutter war eine Magd.
Sie haben kein Geld nicht besessen,
die haben sich wohl geplagt.

Kein Wirt hat ins Haus sie genommen.
Sie waren von Herzen froh,
dass sie noch in den Stall sind gekommen.
Sie legten das Kind auf Stroh.

Die Engel, die haben gesungen,
dass wohl ein Wunder geschehn.
Da kamen die Hirten gesprungen
und haben es angesehn.

Die Hirten, die will es erbarmen,
wie elend das Kindlein sei.
Es ist eine Geschicht' für die Armen,
kein Reicher war nicht dabei.

Ludwig Thoma

Danke schön, Christkind

Als wir am Heiligen Abend aus der Zionskirche kommen, wirbelt der Schnee in dichten Flocken zur Erde hernieder. Bald ist Bethel in eine weiße Decke eingehüllt. Viele hundert eilige Füße huschen über sie hin, weil nun die Feiern in den einzelnen Häusern auf ihre fröhlichen Gäste warten.

Es sind wohl zwanzig Kinder da, die zum ersten Male in Bethel Weihnachten feiern. Aus allen Gemeinden des deutschen Vaterlandes sind sie hergekommen. Viele aus großer Armut, aus dunklen Kellerräumen oder engen Dachwohnungen. Nun stehen sie wie geblendet vor all der Herrlichkeit. Frische, rotbackige Kinder sind darunter, denen man die schwere Krankheit kaum ansehen kann.

Am Rande des Zimmers geht ein Junge immer auf und ab mit großen Schritten und eigentümlichen Kopfbewegungen. Er wendet sein Gesicht nicht wie die anderen Kinder dem Lichterbaum zu. Er freut sich nicht an den bunten Bildern wie seine kleinen Kameraden. Er kann es nicht, denn der kleine Willy ist nicht nur fallsüchtig und schwachsinnig, er ist auch blind.

Man könnte denken, dass ihm die Tür zur Weihnachtsfreude ganz verschlossen sei. Aber nein, das ist doch nicht der Fall. Er hat eine Mundharmonika geschenkt bekommen. Darüber hat er alles andere ringsherum vergessen. Unermüdlich wandert er auf und ab und versucht zu spielen.

Wenn man genau hinhört, kann man merken, dass es das Lied sein soll: „Ihr Kinderlein, kommet!“ Die Töne sind nicht schön, aber das stört ihn nicht. Ihm scheint es die schönste Musik der Erde zu sein.

Plötzlich aber sehe ich, wie Willy Halt macht und die Harmonika vom Munde nimmt. Er lauscht in den vielstimmigen Lärm hinein, der ringsumher das Zimmer erfüllt. Er horcht gespannt auf die Töne der anderen Instrumente seiner kleinen kranken Freunde.

Nun geht ein Freudenschein über sein schmales Gesicht, und ich höre, wie er vor sich hin sagt: „Keiner hat eine!“ Er meint offenbar, keiner außer ihm habe eine Mundharmonika bekommen. Das macht ihm den Genuss doppelt groß; und unverdrossen setzt er seine Wanderung fort, hin und her und auf und ab, immer wieder blasend: „Ihr Kinderlein, kommet!“

Nach einer Weile aber sehe ich, wie er noch einmal stehen bleibt und ein noch hellerer Schein über sein blasses Gesicht fährt. „Danke schön, Christkind!“, sagt er leise, und dann wandert er weiter.

Friedrich von Bodelschwingh

Wie die Christrose entstand

In der Heiligen Nacht sprachen die Hirten zueinander: „Kommt, lasset uns nach Betlehem gehen und sehen, was da geschehen ist!“
Und sie machten sich eilends auf. Jeder nahm ein Geschenk mit: Butter und Honig, einen Krug Milch, Wolle vom Schaf und ein warmes Lammfell.
Nur ein Hirtenknabe hatte gar nichts zum Schenken. Er suchte auf der Winterflur nach einem Blümchen. Er fand keins. Da weinte er und die Tränen fielen auf die harte Erde.
Sogleich sprossen aus den Tränen Blumen hervor, die trugen Blüten wie Rosen. Fünf Blütenblätter, zart und weiß, standen zum Kelch zusammen, daraus ein Kranz von goldenen Staubgefäßen gleich einer Krone hervorleuchtete.
Voll Freude pflückte der Knabe die Blumen und brachte sie dem göttlichen Kind in der Krippe.
Das Jesuskind aber legte segnend das Händchen auf das Wunder. Seit der Zeit blüht die Blume jedes Jahr in der Weihnachtsnacht auf, und die Menschen nennen sie Christrose.

Überliefert

Die Nacht des 24. Dezember

Düster ist der alte Bischofsplatz, der Salpeter tropft aus seinen Mauern, und in den Winternächten darin zu verweilen, ist eine Qual. Und die Kathedrale daneben ist gewaltig groß, ein Leben reicht nicht aus, um sie ganz zu durchwandern, und es gibt darin ein solches Gewirr von Kapellen und Sakristeien, dass einige nach jahrhundertelanger Verlassenheit noch fast unerforscht sind. Was wird – so fragt man sich – der abgezehrte Erzbischof am Weihnachtsabend ganz allein tun, wenn die Stadt das Fest begeht? Wie wird er der Schwermut Herr werden?

Alle haben einen Trost: Das Kind hat die Eisenbahn und den Kasperle, das Schwesterchen hat die Puppe, die Mutter hat die Kinder um sich, der Kranke hat eine neue Hoffnung, der alte Junggeselle hat den Gefährten seiner Zerstreuungen, der Häftling die Stimme eines andern aus der Nachbarzelle. Was aber wird der Erzbischof tun?

Don Valentino, der diensteifrige Sekretär Seiner Exzellenz, lächelt, wenn er die Leute so reden hört. Der Erzbischof hat Gott am Weihnachtsabend.

Wenn er mutterseelenallein inmitten der eisigen, leeren Kathedrale kniet, könnte er auf den ersten Blick fast Mitleid erwecken. Aber wenn die Leute wüssten! Mutterseelenallein ist er nicht und er friert nicht einmal und fühlt sich nicht verlassen.

Am Weihnachtsabend schwebt Gott im Tempel für den Erzbischof, und die Kirchenschiffe quellen buchstäblich von Gott über und die Türen können sich nur mühsam schließen.
So ist der Dom an jenem Abend: überströmend von Gott. Und obwohl Don Valentino wusste, dass es nicht seines Amts war, hielt er sich doch gar zu gerne damit auf, einen Platz für den Gebetsstuhl des Kirchenfürsten zu suchen. Das war freilich etwas anderes als Weihnachtsbäume, Truthühner und Schaumwein. Das war ein Weihnachtsabend. Aber mitten in diesen Gedanken hörte er an eine Tür klopfen.
„Wer klopft am Weihnachtsabend an die Domtür?“, fragte sich Don Valentino. „Haben die Leute noch nicht genug gebetet? Was für eine Sucht hat sie ergriffen?“ Mit diesen Worten ging er öffnen, und mit einem Windstoß trat ein armer, zerlumpter Mann herein.
„Wie viel von Gott ist hier!“, rief er lächelnd aus und sah sich um. „Wie viel Schönheit! Man spürt es sogar von draußen. Monsignore, könnten Sie mir nicht ein wenig davon abgeben? Denken Sie, es ist der Heilige Abend.“
„Das gehört Seiner Exzellenz, dem Erzbischof“, antwortete der Priester. „Er braucht es in wenigen Stunden. Seine Exzellenz lebt schon wie ein Heiliger, du wirst doch nicht verlangen, dass er jetzt auch auf Gott verzichtet! Und außerdem bin ich niemals Monsignore gewesen.“

„Und auch nicht ein kleines bisschen könnten Sie mir geben, Hochwürden? Es ist so viel davon da! Seine Exzellenz würde es gar nicht einmal merken!"
„Nein, habe ich gesagt … du kannst gehen … der Dom ist für die Allgemeinheit geschlossen", und er geleitete den Armen mit einem Fünf-Lire-Schein hinaus.
Aber als der Unglückliche aus der Kirche hinausging, verschwand im gleichen Augenblick auch Gott. Bestürzt schaute sich Don Valentino um und forschte in den dunklen Gewölben: Selbst da oben war Gott nicht mehr. Dieser prächtige Apparat von Säulen, Statuen, Baldachinen, Altären, Katafalken, Leuchtern und Drapierungen, sonst immer so geheimnisvoll und mächtig, war unversehens düster und ungastlich geworden. Und in ein paar Stunden sollte der Erzbischof kommen. In höchster Erregung öffnete Don Valentino eine der äußeren Pforten und blickte auf den Platz. Nichts. Auch draußen keine Spur von Gott, wiewohl es Weihnachten war. Aus den tausend erleuchteten Fenstern kam das Echo von Gelächter, zerbrochenen Gläsern, Musik und sogar von Flüchen. Keine Glocken, keine Lieder.
Don Valentino ging in die Nacht hinaus, schritt durch die unheiligen Straßen, die von dem Lärm hemmungsloser Gelage widerhallten. Aber er wusste die rechte Anschrift. Als er in das Haus trat, setzte sich die befreundete Familie gerade zu

Tisch. Alle sahen einander wohlwollend an und um sie herum war ein wenig von Gott.

„Frohe Weihnachten, Hochwürden“, sagte der Vater. „Wollen Sie nicht unser Gast sein?“

„Ich habe Eile, ihr Freunde“, antwortete er. „Durch eine Unachtsamkeit meinerseits hat Gott den Dom verlassen, und seine Exzellenz kommt gleich zum Gebet. Könnt ihr mir nicht euern Herrgott geben? Ihr seid ja in Gesellschaft und braucht ihn nicht so unbedingt.“

„Mein lieber Don Valentino“, sagte der Familienvater. „Sie vergessen, möchte ich sagen, dass heute Weihnachten ist. Gerade heute sollten meine Kinder ohne Gott auskommen?“

Und im gleichen Augenblick, in dem der Mann noch sprach, schlüpfte Gott aus dem Hause, das freundliche Lächeln erlosch und der Truthahnbraten war wie Sand zwischen den Zähnen.

Und wieder hinaus in die Nacht und durch die verlassenen Straßen. Don Valentino lief und lief und erblickte ihn schließlich von Neuem. Er war bis an die Tore der Stadt gekommen und vor ihm breitete sich in der Dunkelheit, leicht im Schneegewande schimmernd, das weite Land. Über den Wiesen und den Zeilen der Maulbeerbäume schwebte Gott, als wartete er. Don Valentino sank in die Knie.

„Aber was machen Sie, Hochwürden?“, fragte ihn ein Bauer. „Wollen Sie sich in dieser Kälte eine Krankheit holen?“

„Schau da unten, mein Sohn! Siehst du nicht?“
Der Bauer blickte ohne Erstaunen dahin. „Das ist unser“, sagte er. „Jede Weihnacht kommt er, um unsere Felder zu segnen.“
„Höre“, sagte der Priester, „könntest du mir nicht ein wenig davon geben? Wir sind in der Stadt ohne Gott geblieben, sogar die Kirchen sind leer. Gib mir ein wenig davon ab, damit wenigstens der Erzbischof ein anständiges Weihnachten feiern kann.“
„Fällt mir nicht im Traum ein, Ihr lieben Hochwürden! Wer weiß, was für ekelhafte Sünden ihr in der Stadt begangen habt. Das ist eure Schuld. Seht allein zu.“
„Gewiss, es ist gesündigt worden. Und wer sündigt nicht? Aber du kannst viele Seelen retten, mein Sohn, wenn du mir nur Ja sagst.“
„Ich habe genug mit der Rettung meiner eigenen zu tun!“, sagte der Bauer mit höhnischem Lachen, und im gleichen Augenblick hob sich Gott von seinen Feldern und verschwand im Dunkel.
Und Don Valentino ging weiter und suchte. Gott schien seltener zu werden, und wer ein bisschen davon besaß, wollte nichts hergeben (aber im gleichen Augenblick, da er mit „Nein“ antwortete, verschwand Gott und entfernte sich immer weiter). Endlich stand Don Valentino am Rande einer grenzenlosen Heide und in der Ferne am Horizont leuchtete Gott sanft wie eine längliche Wolke. Der Priester warf sich in den Schnee auf die Knie.

„Warte auf mich, o Herr“, bat er, „durch meine Schuld ist der Erzbischof heute allein geblieben.“
Seine Füße waren zu Eis erstarrt, er lief im Schnee weiter und sank bis ans Knie ein, und alle Augenblicke fiel er der Länge nach hin. Wie lange konnte er es noch aushalten?
Endlich vernahm er einen großen, leidenschaftlichen Chor von Engelstimmen, ein Lichtstrahl brach durch den Nebel. Er öffnete ein hölzernes Türchen, es war eine riesige Kirche und in ihrer Mitte betete ein Priester zwischen einigen Lichtern. Und die Kirche war voll des Paradieses.
„Bruder“, seufzte Don Valentino, am Ende seiner Kräfte und mit Eisnadeln bedeckt, „habe Mitleid mit mir. Mein Erzbischof ist durch meine Schuld allein geblieben und braucht Gott. Gib mir ein bisschen von ihm, ich bitte dich.“
Langsam wandte sich der Betende um. Und Don Valentino wurde, als er ihn erkannte, fast noch bleicher, als er ohnedies war.
„Ein gesegnetes Weihnachten dir, Don Valentino!“, rief der Erzbischof aus und kam ihm entgegen, ganz von Gott umgeben. „Aber Junge, wo bist du nur hingelaufen? Was hast du um des Himmels willen in dieser bärenkalten Nacht draußen gesucht?“

Dino Buzzatti

O du gnadenreiche Zeit!

Von drauß', vom Walde komm ich her

Von drauß', vom Walde komm ich her.
Ich muss euch sagen, es weihnachtet sehr!
Allüberall auf den Tannenspitzen
sah ich goldene Lichtlein blitzen.
Und droben aus dem Himmelstor
sah mit großen Augen das Christkind hervor.

Und wie ich so strolcht' durch den finsteren Tann,
da rief's mich mit heller Stimme an:
„Knecht Ruprecht", rief es, „alter Gesell,
hebe die Beine und spute dich schnell!
Die Kerzen fangen zu brennen an,
das Himmelstor ist aufgetan.
Alt' und Junge sollen nun
von der Jagd des Lebens einmal ruhn.
Und morgen flieg ich hinab zur Erden,
denn es soll wieder Weihnachten werden!"

Ich sprach: „O lieber Herre Christ,
meine Reise fast zu Ende ist.
Ich soll nur noch in diese Stadt,
wo's eitel gute Kinder hat.“ –
„Hast denn das Säcklein auch bei dir?“
Ich sprach: „Das Säcklein, das ist hier,
denn Äpfel, Nuss und Mandelkern
essen fromme Kinder gern.“ –
„Hast denn die Rute auch bei dir?“
Ich sprach: „Die Rute, die ist hier;
doch für die Kinder nur, die schlechten,
die trifft sie auf den Teil, den rechten.“
Christkindlein sprach: „So ist es recht.
So geh mit Gott, mein treuer Knecht!“

Von drauß' vom Walde komm ich her.
Ich muss euch sagen, es weihnachtet sehr!
Nun sprecht, wie ich's hierinnen find:
Sind's gute Kind', sind's böse Kind'?

Theodor Storm

Äpfel, Mandel und Rosin

Draußen weht es bitterkalt.
Wer kommt da durch den Winterwald?
Stipp-stapp, stipp-stapp, huckepack,
Ruprecht ist's mit seinem Sack.
Was ist denn in dem Sacke drin?
Äpfel, Mandel und Rosin
und schöne Zuckerrosen,
auch Pfeffernüss fürs gute Kind.
Die andern, die nicht artig sind,
die klopft er auf die Hosen!

Martin Boelitz

Der Honigkuchenmann

Keine Puppe will ich haben –
Puppen gehn mich gar nichts an.
Was erfreun mich kann und laben,
ist ein Honigkuchenmann,
so ein Mann mit Leib und Kleid,
durch und durch von Süßigkeit.

Stattlicher als eine Puppe
sieht ein Honigkerl sich an,
eine ganze Puppengruppe
mich nicht so erfreuen kann.
Aber seh ich recht dich an,
dauerst du mich, lieber Mann.

Denn du bist zum Tod erkoren –
bin ich dir auch noch so gut,
ob du hast ein Bein verloren,
ob das andre weh dir tut:
Armer Honigkuchenmann,
hilft dir nichts, du musst doch dran!

A. H. Hoffmann von Fallersleben

Nun kamen zwei Diener in vollem Staat und trugen den Tannenbaum in einen großen schönen Saal. Und der Tannenbaum wurde in ein großes, mit Sand gefülltes Fass gestellt; aber niemand konnte sehen, dass es ein Fass war, denn es wurde rundherum mit grünem Zeug behängt und stand auf einem großen bunten Teppich! Oh, wie der Baum bebte!
Was wird nun wohl vorgehen? Die Diener und die Fräulein schmückten ihn; an einen Zweig hängten sie kleine Netze, ausgeschnitten aus farbigem Papier; jedes Netz war mit Zuckerwerk gefüllt; vergoldete Äpfel und Walnüsse hingen herab, als wären sie festgewachsen, und über hundert rote, blaue und weiße Lichter wurden in den Zweigen festgesteckt. Hoch oben auf die Spitze wurde ein großer Stern von Flittergold gesetzt; das war prächtig, ganz unvergleichlich prächtig!
Nun wurden die Lichter angezündet. Welcher Glanz! Welche Pracht! Nun durfte der Baum nicht einmal beben, oh, das war ein Schreck! Er hatte Angst, etwas von seinem Schmuck zu verlieren. Er war ganz betäubt von all dem Glanze.
Und nun gingen beide Flügeltüren auf und eine Menge Kinder stürzte herein; die älteren Leute kamen bedächtig nach. Die Kleinen standen ganz stumm, aber nur einen Augenblick, dann tanzten sie um den Baum herum.

Was machen sie?, dachte der Baum. Was soll geschehen? Und die Lichter brannten bis dicht an die Zweige herunter, und je nachdem sie niederbrannten, löschte man sie aus, und dann bekamen die Kinder die Erlaubnis, den Baum zu plündern.

Hans-Christian Andersen (Text gekürzt)

Der Bratapfel

Kinder, kommt und ratet,
was im Ofen bratet!
Hört, wie's knallt und zischt!
Bald wird aufgetischt
der Zipfel, der Zapfel,
der Kipfel, der Kapfel,
der gelbrote Apfel.

Kinder, lauft schneller,
holt einen Teller,
holt eine Gabel!
Sperrt auf den Schnabel
für den Zipfel, den Zapfel,
den Kipfel, den Kapfel,
den goldbraunen Apfel.

Sie pusten und prusten,
sie gucken und schlucken,
sie schnalzen und schmecken,
sie lecken und schlecken
den Zipfel, den Zapfel,
den Kipfel, den Kapfel,
den knusprigen Apfel.

Aus Bayern

Dies ist die Nacht

Dies ist die Nacht, da mir erschienen
des großen Gottes Freundlichkeit.
Das Kind, dem alle Engel dienen,
bringt Licht in meine Dunkelheit.
Und dieses Welt- und Sonnenlicht
weicht hunderttausend Sonnen nicht.

In diesem Lichte kannst du sehen
das Licht der klaren Seligkeit.
Wenn Sonne, Mond und Stern vergehen,
vielleicht noch in gar kurzer Zeit,
wird dieses Licht mit seinem Schein
dein Himmel und dein Alles sein.

Drum Jesu, schöne Weihnachtssonne,
bestrahle mich mit deiner Gunst.
Dein Licht sei meine Weihnachtswonne
und lehre mich die Weihnachtskunst,
wie ich im Lichte wandeln soll
und sei des Weihnachtsglanzes voll.

Kaspar Friedrich Nachtenhöfer

Ich kenne ein Bäumchen

Ich kenne ein Bäumchen gar fein und zart,
es trägt euch Früchte gar seltener Art.
Es funkelt und leuchtet mit hellem Schein
weit in des Winters Nacht hinein.
Das sehen die Kinder und freuen sich sehr
und pflücken vom Bäumchen
und pflücken es leer.

Überliefert

O Tannenbaum, o Tannenbaum

O Tannenbaum, o Tannenbaum,
wie treu sind deine Blätter!
Du grünst nicht nur zur Sommerzeit,
nein, auch im Winter, wenn es schneit.
O Tannenbaum, o Tannenbaum,
wie treu sind deine Blätter.

O Tannenbaum, o Tannenbaum,
du kannst mir sehr gefallen.
Wie oft hat nicht zur Weihnachtszeit
ein Baum von dir mich hoch erfreut.
O Tannenbaum, o Tannenbaum,
du kannst mir sehr gefallen.

O Tannenbaum, o Tannenbaum,
dein Kleid will mich was lehren:
Die Hoffnung und Beständigkeit
gibt Trost und Kraft zu jeder Zeit.
O Tannenbaum, o Tannenbaum,
dein Kleid will mich was lehren.

August Zarnack

Schuster Konrad erwartet den lieben Gott

An diesem Morgen war der Schuster Konrad schon sehr früh aufgestanden, hatte seine Werkstatt aufgeräumt, den Ofen angezündet und den Tisch gedeckt. Heute wollte er nicht arbeiten, denn er erwartete einen hohen Gast. Den höchsten, den man sich denken kann. Er erwartete Gott selbst.
In der vorigen Nacht hatte Gott ihn im Traum wissen lassen, dass er ihn besuchen werde.
Nun saß Konrad in der warmen Stube und wartete. Sein Herz war voller Freude. Da hörte er draußen Schritte und schon klopfte es an der Tür. Da ist er, dachte Konrad, sprang auf und riss die Tür auf. Aber es war nur der Briefträger, der von der Kälte ganz blau gefrorene Finger hatte. Konrad ließ ihn herein, gab ihm eine Tasse Tee und ließ ihn sich aufwärmen. „Danke", sagte der Briefträger, „das hat gutgetan." Und er stampfte wieder in die Kälte hinaus.
Konrad räumte schnell das Geschirr ab und stellte saubere Tassen auf den Tisch. Dann setzte er sich wieder ans Fenster und wartete. Es wurde Mittag, aber von Gott war nichts zu sehen.
Da erblickte er einen kleinen Jungen, dem die Tränen über die Wangen liefen. Konrad rief ihn zu sich. Das Kind hatte im Gedränge der Stadt seine Mutter verloren und fand nun nicht allein nach

Hause. Konrad schrieb einen Zettel: „Bitte warte auf mich. Ich bin gleich zurück“, und legte ihn auf den Tisch. Beim Hinausgehen ließ er die Tür einen Spalt offen, nahm den Jungen an die Hand und brachte ihn heim.

Der Weg war weiter, als er gedacht hatte. Es wurde dunkel, als er wieder zurückkam. Schon aus der Ferne sah er, dass jemand in seinem Zimmer am Fenster stand. Er erschrak, aber dann klopfte sein Herz vor Freude: Nun war Gott zu ihm gekommen. Doch dann erkannte er die Frau. Sie lebte allein mit ihrem Sohn im gleichen Haus. Sie sah müde und traurig aus. Sie hatte seit drei Tagen nicht geschlafen. Ihr Sohn Petja war krank und das Fieber stieg immer höher.

Die Frau tat Konrad leid. Er ging mit ihr, und gemeinsam wickelten sie Petja in feuchte Tücher. Konrad wachte am Bett des Kindes, während die Frau sich etwas ausruhte.

Es war schon weit nach Mitternacht, als er endlich wieder in sein Zimmer zurückkehrte. Müde und enttäuscht legte er sich schlafen. Der Tag war vorüber. Gott war nicht gekommen.

Da hörte er eine Stimme. „Danke, dass ich mich bei dir aufwärmen durfte. Danke, dass du mir den Weg nach Hause gezeigt hast. Danke für den Trost und deine Hilfe. Ich danke dir, Konrad, dass ich heute bei dir sein durfte.“

Legende aus Russland

Der Traum vom Baum

Ich lag und schlief; da träumte mir
ein wunderschöner Traum:
Es stand auf unserm Tisch vor mir
ein hoher Weihnachtsbaum.

Und bunte Lichter ohne Zahl,
die brannten ringsumher;
die Zweige waren allzumal
von goldnen Äpfeln schwer.

Und Zuckerpuppen hingen dran;
das war schon eine Pracht!
Da gab's, was ich nur wünschen kann
und was mir Freude macht.

Und als ich nach dem Baume sah
und ganz verwundert stand,
nach einem Apfel griff ich da,
und alles, alles schwand.

Da wacht' ich auf aus meinem Traum,
und dunkel war's um mich.
Du lieber, schöner Weihnachtsbaum,
sag an, wo find' ich dich?

A. H. Hoffmann von Fallersleben

Weihnachten

Markt und Straßen stehn verlassen,
still erleuchtet jedes Haus.
Sinnend geh ich durch die Gassen,
alles sieht so festlich aus.

An den Fenstern haben Frauen
buntes Spielzeug fromm geschmückt;
tausend Kindlein stehn und schauen,
sind so wunderstill beglückt.

Und ich wandre aus den Mauern
bis hinaus ins freie Feld,
hehres Glänzen, heil'ges Schauern!
Wie so weit und still die Welt!

Sterne hoch die Kreise schlingen.
Aus des Schnees Einsamkeit
steigt's wie wunderbares Singen –
o du gnadenreiche Zeit!

Joseph von Eichendorff

Täglich zu singen

Ich danke Gott und freue mich
wie's Kind zur Weihnachtsgabe,
dass ich bin, bin! Und dass ich dich,
schön menschlich Antlitz, habe.

Dass ich die Sonne, Berg und Meer
und Laub und Gras kann sehen
und abends unterm Sternenheer
und lieben Monde gehen.

Und dass mir dann zumute ist,
als wenn wir Kinder kamen
und sahen, was der heil'ge Christ
bescheret hatte. Amen.

Matthias Claudius

Das fremde Kind

In einem Häuschen am Rande eines Waldes lebte ein armer Mann, der sich mit Holzhauen mühsam sein Geld verdiente. Und obschon ihm seine Frau und seine zwei Kinder, Marie und Valentin, zur Hand gingen, reichte es oft vorne und hinten nicht.
Eines Winterabends, als die Familie zusammen um den Tisch in der Stube saß und ein Stück Brot aß, da pochte es leise ans Fenster. Draußen schneite und wehte es heftig, und doch hörten sie eine feine Stimme rufen: „Hallo, bitte, lasst mich in euer Haus! Ich bin ein armes Kind und habe nichts zu essen. Ich weiß nicht, wo ich wohnen soll, und glaube, vor Hunger und Frost zu sterben. Oh, lasst mich ein!"
Da sprangen Marie und Valentin vom Tisch auf und öffneten die Tür. „Komm herein, du armes Kind!", riefen sie. „Wir haben selber nicht viel, aber immer doch noch mehr als du. Und was wir haben, das wollen wir mit dir teilen."
Das fremde Kind trat ein und wärmte sich die kalten Finger am Ofen. Die Kinder gaben ihm vom Brot, denn mehr hatten sie selbst nicht, und sagten dann: „Bist du müde? Komm, leg dich in unser Bett! Wir können auf der Bank schlafen." „Mein Vater im Himmel soll es euch danken", entgegnete ihnen das fremde Kind.
Marie und Valentin führten den kleinen Gast in ihr Kinderzimmer, legten ihn ins weiche Bett,

deckten ihn zu, und Marie flüsterte ihrem Bruder zu: „Wie gut haben wir es doch! Wir haben unsere warme Stube und unser eigenes Bett, das arme Kind aber hat nur den Himmel zum Dach und die Erde zum Schlafen." Als die Eltern schlafen gingen, legten sich die Kinder auf die Bank beim Ofen. Schläfrig murmelte Valentin: „Das fremde Kind wird sich sicher freuen, dass es warm liegt. Gute Nacht, Marie!" „Gute Nacht, Valentin!"

Die beiden Kinder schliefen tief und fest bis zum Morgen. Da erwachte die kleine Marie und weckte leise ihren Bruder: „Valentin, wach auf, wach auf! Höre doch die schöne Musik!" Da rieb sich Valentin die Augen und lauschte. Es war ein wunderbares Klingen und Singen vor dem Haus. Wie mit Harfenbegleitung hallte es:

„Wir grüßen dich mit Harfenklang,
o heil'ges Kind, und Lobgesang.
Du liegst in Ruh in dunkler Nacht,
wir halten treu bei dir die Wacht.
Wer dich aufnimmt, wird hoch entzückt,
o, Heil dem Haus, das uns beglückt!"

Das hörten die Kinder und sie traten ans Fenster, um zu sehen, was denn draußen los war. Da sahen sie vor dem Haus viele Kinder stehen, die goldene Harfen in den Händen hielten und silberne Kleider trugen.

Während sie noch aus dem Fenster hinaussahen, berührte sie jemand ganz leise von hinten. Und wie sie sich umwandten, stand das fremde Kind vor ihnen und sprach: „Ich bin das Christkind, das in der Welt umhergeht, um frommen, hilfsbereiten Kindern Glück und Freude zu bringen. Ihr habt mich diese Nacht aufgenommen, weil ihr mich für ein armes Kind gehalten habt. Gesegnet seid ihr."
Kaum hatte es das gesagt, trat das Christkind hinaus und brach einen Zweig ab von einem Tannenbaum, der am Hause stand. Diesen Zweig pflanzte es in den Boden und versprach: „Der Zweig soll zum Baum werden und euch in jedem Jahr Früchte bringen."
Dann verschwand es mit den Engeln. Der Tannenzweig aber wuchs empor und wurde zu einem wunderbaren Weihnachtsbaum. Schwer behangen mit goldenen Äpfeln und Silbernüssen, blühte er in jedem Jahr einmal.
Und wenn ihr, liebe Christenmenschen, zu Weihnachten vor dem reich geschmückten Baum steht und euch freut, dann denkt auch an die armen Kinder auf der Welt, die kaum ein Stück Brot haben, um ihren Hunger zu stillen, und danket Gott!

Nach Franz Graf von Pocci

Die Krippe von Santa Emilia

Eine Krippe wie die von Santa Emilia fand sich unter dem ganzen ligurischen Himmel nicht wieder. Weit, weit musste man suchen, um etwas ähnlich Großartiges zu finden. Generationen hatten an ihr gebaut, geschnitzt und genäht. Sie taten es immer noch.

Jahr um Jahr zur Vorweihnachtszeit war das ganze Dorf damit beschäftigt, sie aufzubauen und zu schmücken.

Die Frauen wuschen und plätteten aufs Sorgfältigste die Kleider der verschiedensten Figuren, nicht nur die der heiligen Mutter und des heiligen Josefs. Auch sämtliche andern trugen richtige Kleider, die je und dann, wenn sie von all dem Tragen im Lauf der Jahrzehnte verschlissen waren, erneuert werden mussten. Die besten Schneiderinnen des Ortes suchten ihre Ehre darin, alle Gewänder in Ordnung zu halten.

Wann sie in Santa Emilia damit begonnen hatten, die Krippe zu bauen, wusste keiner zu sagen, auch der Pfarrer nicht. In keiner Chronik war es verzeichnet. Es gab sie seit Menschengedenken und länger; vielleicht war sie so alt wie die kleine Kirche, deren wahres Alter auch niemand zu nennen vermochte und von der sie zur Weihnachtszeit einen ständig wachsenden Teil ausfüllte. Den alten Hochaltar hatte der Wurm zerfressen, just bevor es dem Papst in Rom gefiel, die Altäre überall in der Welt in die Mitte des gottesdienstlichen Geschehens zu rücken. So wanderte denn in der Weihnachtszeit die Krippe an die leere Stelle.

Sie wanderte wirklich; denn fast in jedem Jahr kamen neue Teile dazu, nicht nur Hirten oder Engel, auch die verschiedensten Bewohner Betlehems mit Figuren und Gesichtern, die bekannten oder weniger bekannten Bürgern und Bürgerinnen von Santa Emilia glichen.

Im letzten Jahr jedoch war einem Messbuben eine Idee gekommen, so absonderlich, dass er hinterher zu zweifeln begann, ob sie ihm einer der zahlreichen im Raum verteilten Engel oder aber am Ende gar der Teufel eingegeben hatte. Doch in dem Augenblick, als der Gedanke über ihn kam, fragte er nicht nach dem Woher.

Er befand sich für mehrere Minuten, vielleicht sogar eine halbe Stunde lang, allein in dem Gebäude, betrachtete ehrfürchtig das gewaltige Werk und fand es mit einem Mal doch zu traurig, dass das Kind selbst so ganz armselig irgendwo mitten zwischen Heu und Stroh und Rindern und Schafen in seiner Krippe lag.

Gewiss, Maria und Josef standen dabei; aber bei all den Völkerscharen, die sich da im engen oder weiteren Umkreis des Geschehens tummelten, kam ihm das Kind gar nicht mehr als die alles beherrschende Mitte vor; er stellte fest, dass man es von

den meisten Plätzen der Kirche aus noch nicht einmal richtig sehen konnte, und beschloss, ihm einen besseren, einen ehrenvolleren Platz zu geben.
Er schlich sich also vorsichtig hinzu und fingerte das Kind aus seiner Krippe, um es ganz vorne auf den Altar hinzulegen, dorthin, wo es seiner Meinung nach doch eigentlich hingehören musste.
In diesem Augenblick jedoch wurde schwerfällig die alte Kirchentür geöffnet. Es war zwar nur ein verhutzeltes Weiblein, das da hereinkam, aber der kleine Junge erschrak so sehr, als hätte ihn der Herrgott selbst bei einer Missetat ertappt. Dabei wollte er doch nur dem heiligen Kind zu seinem angestammten Platz verhelfen.
Beim Anblick der alten Frau jedoch verließ ihn sein Mut. Niemand brauchte zu wissen, dass er es war, der solcherweise verändernd in das Kunstwerk des ganzen Dorfes eingegriffen hatte. Er ließ also vor Schreck das Kindlein in seine Jackentasche rutschen – so klein war es, dass es dort nicht einmal auffiel – und setzte sich in eine der vorderen Bänke, um abzuwarten, bis die alte Frau wieder ging.
Sie hatte es indessen keineswegs eilig. Anscheinend hatte sie ein ganzes Bündel von Not oder Schuld mit sich gebracht, um es an dem heiligen Ort niederzulegen. Und als sie sich endlich mühsam von ihren Knien erhob, tat sich die Tür zum zweiten Mal auf und der Herr Pfarrer höchstpersönlich kam herein.

Nun wäre es ja die natürlichste Sache der Welt gewesen, dass der Junge ihm von seinem Vorhaben Mitteilung gemacht hätte; er brauchte ihm ja nur das Kind in die Hand zu drücken und ihn um einen besseren Platz zu bitten; aber aus irgendeinem Grunde traute er es sich nicht. So huschte er, so unauffällig wie es ging, aus der Kirche, das heilige Kind noch immer in seiner Jackentasche versteckt.

Zu Hause hütete er seinen Schatz sorgfältig vor allen Blicken. Sooft er es in den nächsten Tagen auch versuchte, nie gelang es ihm, allein in der Kirche zu sein. Es war, als habe ganz Santa Emilia nichts anderes zu tun, als sich in dem kleinen Raum mit seinem gedämpften Licht auf das große Fest vorzubereiten.

Das Herz des kleinen Jungen wurde schwerer und immer schwerer, je näher dieses heranrückte. „Bist du krank?“, fragte ihn seine Mutter schließlich, und er schüttelte nur den Kopf, stumm, damit er nicht zu sprechen brauchte und in Tränen ausgebrochen wäre.

Aber so unsinnig war die Frage der Mutter gar nicht, denn genau in dem Augenblick, da die Glocken zur Christmette zu rufen begannen, überfiel ihn ein Schüttelfrost mit solcher Gewalt, dass er weder gehen noch stehen und sich nur noch ins Bett begeben konnte. Dort verbrachte er die Zeit bis zur Rückkehr der anderen; und als das Schütteln allmählich nachließ, holte er das Kind aus seinem Versteck und drückte es an sich.

Die Eltern brachten den Pfarrer mit. Er war in Sorge um den Jungen, den er immer für treu und zuverlässig gehalten hatte. Er musste sehr krank sein, wenn er sich gerade an diesem Abend von der heiligen Messe abhalten ließ. Der Junge lag weinend mit hochrotem Kopf im Bett.

„Weihnachten und weinen?“, wunderte sich der Pfarrer.

„Haben Sie es auch nicht bemerkt, Hochwürden?“, schluchzte der Junge.

„Was soll ich denn bemerkt haben?“, fragte der Pfarrer.

„Das Christkind ist weg, und ihr habt Weihnachten gefeiert ohne es!“, schrie der Junge in die Stube hinein.

„Um Himmels willen, er redet irre!“, stöhnte die Mutter.

Aber der Junge zog behutsam die in ein sauberes Unterhemd eingeschlagene Figur unter seiner Bettdecke hervor.

„Hier, Hochwürden! Es sollte den besten, den schönsten Platz in der ganzen Kirche bekommen, und nun war es überhaupt nicht dabei!“

Es dauerte lange, bis der Pfarrer den Zusammenhang begriff. Dann aber kam ein großes Erschrecken über ihn.

„Das Wichtigste fehlte, und wir haben es nicht bemerkt“, sagte er, „du hast mir eine Predigt gehalten, die ich so schnell nicht vergessen werde!“

Und am Weihnachtsmorgen hielt er selbst der Gemeinde von Santa Emilia eine Weihnachtspredigt, an die sie sich noch lange erinnerte.

Von den vielen kleinen Nebensachen und der einen großen Hauptsache sprach er und darüber, wie leicht man beide verwechseln könne.

Es war eine ungewohnt ernste Predigt, fanden die Leute, und fast alle gingen recht nachdenklich nach Hause.

Im nächsten Jahr, kurz vor Weihnachten, erschien der kleine Junge beim Pfarrer mit einem Riesenpaket. Es enthielt eine schier lebensgroße Krippe mit einem Kind, das aussah wie ein Neugeborenes in Santa Emilia. Das ganze Jahr über hatte der Kleine daran gearbeitet; nun war es fertig und er wusste genau auch den Platz, der ihm gebührte.

Mitten in das Abbild der ligurischen Landschaft mit ihren Dörfern, Straßen und Bächen und Teichen und den Menschen, die einer Anhöhe hinter dem neuen Altar zustrebten, stellten der Pfarrer und der Junge die Krippe, groß und unübersehbar, alles beherrschend, damit niemand mehr das Wichtigste vergessen konnte.

Maria und Josef standen dabei, schon etwas kleiner als das Kind, demütig im Dunkel; aber von dem Kind ging ein Leuchten aus, das die ganze kleine Kirche mit all den echten und nachgeschnitzten Leuten von Santa Emilia erfüllte.

Und so blieb es auch die folgenden Jahre. Jahr um Jahr kommen um die Weihnachtszeit Fremde, um das mittlerweile berühmt gewordene Werk zu besuchen. Welche Bewandtnis es aber mit der anscheinend viel zu groß geratenen Krippe und dem Kind darin auf sich hat, darüber schweigen die Leute von Santa Emilia.

Wilma Klevinghaus

Mein Wunsch für dich

Nicht dass von jedem Leid verschont
du mögest bleiben,
noch dass dein künftger Weg
stets Rosen für dich trage
und keine bittre Träne über deine
Wangen komme]
und niemals du den Schmerz erfahren sollst –
dies alles, nein, das wünsche ich dir nicht.

Mein Wunsch für dich ist vielmehr dieser:
dass dankbar du und allezeit bewahrst
in deinem Herzen
die kostbare Erinnerung der guten Dinge
in deinem Leben;

dass mutig stehst du in deiner Prüfung,
wenn hart das Kreuz auf deinen Schultern liegt
und wenn der Gipfel, den es zu ersteigen gilt,
schier unerreichbar scheint,
ja selbst das Licht der Hoffnung
zu entschwinden droht;

dass jede Gottesgabe in dir wachse
und mit den Jahren sie dir helfe,
die Herzen jener froh zu machen,
die du liebst;

dass immer einen wahren Freund du hast,
der Freundschaft wert,
der dir Vertrauen gibt,
wenn dir's an Licht gebricht und Kraft;
dass du dank ihm den Stürmen standhältst
und so die Höhen doch erreichst –

und dass in Freud und Leid das Lächeln
voller Huld]
des Mensch gewordnen Gottessohnes
mit dir sei]
und du allzeit so innig ihm verbunden,
wie er's für dich ersehnt.

Irischer Weihnachtswunsch

Der Tanz des Räubers Horrificus

Gegen Abend nach der ersten Rast wollte Josef mit den Seinen wieder weiterziehen. Er nahm aber den Esel und ritt voraus hinter einen Hügel, um den Weg zu erkunden. „Es kann doch nicht mehr weit sein bis Ägypten“, dachte er.

Indessen blieb die Muttergottes mit dem Kinde auf dem Schoß allein unter der Staude sitzen, und da geschah es, dass ein gewisser Horrificus des Weges kam, weithin bekannt als der furchtbarste Räuber in der ganzen Wüste. Das Gras legte sich flach vor ihm auf den Boden, die Palmen zitterten und warfen ihm gleich ihre Datteln in den Hut, und noch der stärkste Löwe zog den Schweif ein, wenn er die roten Hosen des Räubers von Weitem sah. Sieben Dolche steckten in seinem Gürtel, jeder so scharf, dass er den Wind damit zerschneiden konnte, an seiner Linken baumelte ein Säbel, genannt der krumme Tod, und auf der Schulter trug er eine Keule, die war mit Skorpionsschwänzen gespickt.

„Ha!“, schrie der Räuber und riss das Schwert aus der Scheide.

„Guten Abend“, sagte die Mutter Maria. „Sei nicht so laut, er schläft!“

Dem Fürchterlichen verschlug es den Atem bei dieser Anrede, er holte aus und köpfte eine Distel mit dem krummen Tod.

„Ich bin der Räuber Horrificus“, lispelte er, „ich habe tausend Menschen umgebracht …“
„Gott verzeiht dir!“, sagte Maria.
„Lass mich ausreden“, flüsterte der Räuber, – „und kleine Kinder wie deines brate ich am Spieß!“
„Schlimm“, sagte Maria. „Aber noch schlimmer, dass du lügst!“
Hierbei kicherte etwas im Gebüsch, und der Räuber sprang in die Luft vor Entsetzen, noch nie hatte jemand in seiner Nähe zu lachen gewagt. Es kicherten aber nur die kleinen Engel, im ersten Schreck waren sie alle davongestoben, und nun saßen sie wieder in den Zweigen.
„Fürchtet ihr mich etwa nicht?“, fragte der Räuber kleinlaut.
„Ach, Bruder Horrificus“, sagte Maria, „was bist du für ein lustiger Mann!“
Das drang dem Räuber lind ins Herz, denn, die Wahrheit zu sagen, dieses Herz war weich wie Wachs. Als er noch in den Windeln lag, kamen schon die Leute gelaufen und entsetzten sich, „wehe uns“, sagten sie, „sieht er nicht wie ein Räuber aus?“ Später kam niemand mehr, sondern jedermann lief davon und warf alles hinter sich, und Horrificus lebte gar nicht schlecht dabei, obwohl er kein Blut sehen und kaum ein Huhn am Spieß braten konnte.
Darum tat es nun dem Fürchterlichen in der Seele wohl, dass er endlich jemand gefunden hatte, der ihn nicht fürchtete.

„Ich möchte deinem Knaben etwas schenken", sagte der Räuber, „nur habe ich leider nichts als lauter gestohlenes Zeug in der Tasche. Aber wenn es dir gefällt, dann will ich vor ihm tanzen!"

Und es tanzte der Räuber Horrificus vor dem Kinde, und kein lebendes Wesen hatte je dergleichen gesehen. Den krummen Tod hob er über sich gleich der silbernen Sichel des Mondes, die Beine schwang er unterhalb mit der Anmut einer Antilope und so geschwind, dass man sie nicht mehr zählen konnte. Er schleuderte alle sieben Dolche in die Luft und sprang durch den zerschnittenen Wind, gleich einer Feuerzunge wirbelte er wieder herab. So gewaltig und kunstvoll tanzte der Räuber, so überaus prächtig war er anzusehen mit seinen Ohrringen und dem gestickten Gürtel und den Federn auf dem Hut, dass sogar die Jungfrau Maria ein wenig Glanz in die Augen bekam. Auch die Tiere der Wüste schlichen herbei, die königliche Uräusschlange und die Springmaus und der Schakal, alle stellten sich im Kreise auf und klopften mit ihren Schwänzen den Takt in den Sand.

Schließlich sank der Räuber erschöpft zu Füßen Marias nieder und da schlief er auch gleich ein. Josef war längst weitergezogen, als er endlich wieder aufwachte und benommen seines Weges ging. Alsbald merkte er auch, dass ihn niemand mehr fürchtete. „Er hat ja ein weiches Herz!", erzählte die Springmaus überall. „Vor dem Kinde hat er getanzt", zischte die Schlange.

Horrificus blieb in der Wüste, er legte seinen fürchterlichen Namen ab und wurde ein mächtiger Heiliger im Alter; es soll verschwiegen bleiben, wie er im Kalender heißt. Wenn aber einer von euch etwas zu verbergen hätte und nur sein Herz wäre weich geblieben, so mag er getrost sein. Gott wird ihm dereinst verzeihen um des Kindes willen, wie dem großen Räuber Horrificus.

Karl Heinrich Waggerl

Die himmlische Liegerstatt

Ich war ein Bub von zehn oder elf Jahren, als mich der Onkel meiner Mutter, der Hannesl-Vetter, überredete, bei ihm einige Tage vor dem Weihnachtsfest eine Nacht zu verbringen. Dann könnte auch ich einmal, wie er, auf einer „himmlischen Liegerstatt“ schlafen. Dieses Zauberwort tat es dem Kinde, schon damals recht weihnachtsselig, an. Und ich ging mit ihm.

Der Hansel war ein alter Junggesell, klein von Wuchs, immer fröhlich und mitteilsam. Wie meine Mutter wusste er ebenfalls, die schönsten Geschichten und Märchen zu erzählen, wenn er zu uns in den Marktflecken in das Schmiedhaus kam. Er gehörte einer längst ausgestorbenen Handwerkerzunft an, den Störschneidern. Mit geringem Werkzeug ging er von Hof zu Hof und schneiderte aufs Sorgfältigste den Mannsbildern, Burschen und Buben ihre Monturen, machte aus alten Kleidern neue und flickte Zerrissenes aufs Beste. Die neumodische Nähmaschine hasste er und benötigte sie nicht. Er machte auch ohne sie die saubersten Stiche.

Überall war er gern gesehen. Denn er brachte Frohsinn und Leben in die Bauernhöfe, in die Spinnstuben und in die fröhlichen abendlichen Heimgärten, in denen er bis tief in die Nacht hinein seine Geschichten und Schnurren auftischte.

Er wohnte in jenem weltfernen, waldumschlossenen Häusl, darin auch meine Mutter, Kind sehr geringer Leute, ihre Jugend verlebt hatte. Eine Kindheit in großer Dürftigkeit, aber doch gesegnet mit vielen reinen Freuden, den Freuden des einfachen Lebens. Dort hatte der Vetter sein kleines Austragsstüberl, in das er am Samstag heimkehrte, darin er ausrastete und sich selber kochte. Jedes Jahr setzte er eine Woche vor der Mettennacht mit der Störgeherei aus. Er blieb zu Hause und bereitete sich in Stille und inmitten des tief verschneiten Hochwaldes auf die Geburt des Christkindes vor.

Es war drei oder vier Tage vor Weihnachten, als ich mit dem Vetter durch tiefen Schnee, heftiges Wacheln[1] und eisige Kälte der Öd zustapfte, dem weiten dichten Wald, in dem seine einschichtige Behausung lag. Den langen Weg verkürzte der freundliche Alte mit hübschen Geschichten. Ich hörte aber diesmal nicht so aufmerksam zu wie sonst. Denn mein Herz war schon ganz eingestellt auf die wunderbare „himmlische Liegerstatt“, unter der ich mir etwas wirklich Himmlisches vorstellte. Ich fragte ihn immer wieder, wie diese wohl aussähe. Aber er wehrte jedes Mal kurz ab: „Lass dir nur Zeit, du wirst es schon sehen.“

Es dunkelte schon, als wir endlich das Waldhäusl erreicht hatten. Die kleine, niedere Stube war noch kacherlwarm. Der Vetter zündete das kleine Öl-

[1] Wacheln (österr.) = heftiger Wind

lamperl an, hieß mich an den Tisch setzen und machte sich als Koch zu schaffen. Dann setzte er das Nachtmahl auf, saure Milchsuppe mit Kartoffeln, also dasselbe, mit dem wir uns zu Hause auch jeden Werktagabend zu begnügen hatten.

Es war das armselige Stüblein, das ich so gut kannte. Kachelofen, Bett und Tisch, ein schmaler Kleiderkasten, schön bemalt, eine bescheidene Anrichte, darüber der Schüsselkorb, überm Tisch ein kleines Kruzifix und zwei Hinterglasbilder, das war alles. Es genügte dem immer zufriedenen und immer glücklichen Menschen. Das Bett mit dem Strohsack, dem harten Kissen und dem Tuchent[2] mit buntem Überzug aus grobem Leinen sah nichts weniger als „himmlisch“ aus.

Der Vetter hatte den Tisch abgeräumt und wieder alles in Ordnung gebracht. Er schob ein paar feste Buchenscheite und Tannenzapfen in den Herd und steckte mit einer gewissen Feierlichkeit auch einen großen Buchenklotz, den Mettenbinken, in das Ofenloch, damit ja das Feuer nicht ausgehe in der langen heiligen Mettennacht, wie es uralter Brauch weiß und will. Den Mettenbinken hatte sich der Vetter schon im Sommer zurechtgerichtet und seither sorgsam verwahrt. Bald hörten wir nun schönste winterliche Ofenmusik.

Dann zog er die alte Legende aus der tiefen Fensternische und las von Josef und Maria, wie sie

[2] Tuchent (österr.) = Decke

einst auf langem, mühsamem Weg von Nazaret nach Betlehem gewandert sind, dem größten Heilswunder der Menschheitsgeschichte entgegen. Als wir hierauf den Rosenkranz gebetet hatten, war es fast neun Uhr, meine Schlafenszeit, angebrochen. Ich fragte: „Was ist es denn mit der himmlischen Liegerstatt, Vetter?“ Er lächelte: „Erst muss ich dir die Augen verbinden. Inzwischen baue ich die himmlische Liegerstatt auf.“
Er legte ein dickes Tuch um meine Augen und gebot mir, mich völlig stille zu halten und keine Fragen zu stellen. Ich folgte, fast ein wenig erschrocken, diesen Anweisungen.
Der Alte ging hinaus, blieb eine Weile weg und kam wieder, mit langsameren Schritten als sonst. Dann begann etwas auf dem Fußboden zu rascheln, ganz seltsam, und das dauerte eine Weile, worauf meine Blindheit wieder beseitigt wurde. Was sah ich jetzt? Der Boden der Stube war dicht mit Stroh belegt. Ehe ich fragen konnte, was das zu bedeuten habe, gab mir der Vetter die Erklärung: „Jetzt ist Advent! Und bald haben wir die hochheilige Mettennacht. Da muss man jetzt fasten und Buße tun. Und weil Josef und Maria im Stall von Betlehem auch kein Federbett gehabt haben und das Christkind in der Krippe auf Heu und Stroh hat liegen müssen, sollen auch wir uns mit einer ganz einfachen Liegerstatt zufriedengeben. Denn das Stroh ist in dieser heiligen Zeit wahrhaftig die rechte himmlische Liegerstatt!“

Wohl war ich ein wenig enttäuscht und verwundert, weil mir das alles so gar nicht himmlisch vorkam und ich etwas recht Großartiges, etwas wirklich Überirdisches erwartet hatte. Aber weil es der gute Vetter so wollte und schließlich auch dieses Strohlager etwas Besonderes und Geheimnisvolles an sich hatte, gab ich mich zufrieden. Wir sprachen noch das uralte Nachtgebet, das mich auch die Mutter gelehrt hatte:

„In Gottes Nam' leg ich mich nieder
auf unsern Herrgott seine Glieder,
auf unsern Herrgott sein Fleisch und Bluat
dass uns der böse Feind nixt tuat."

Dann legten wir uns schlafen, nachdem der Vetter das Licht ausgemacht hatte. Noch immer knisterte der Ofen und krachte der Mettenbinken. Der Schneesturm heulte und tobte um das Haus, die Bäume des nahen Hochwaldes ächzten. Das gab eine gute Schlafmusik. Aber so ganz gefallen wollte mir das alles nicht. Ich harrte noch immer auf das Wunderbare, das nie Erlebte.
Wie ich so dalag, müde vom weiten Weg, gedankenvoll, noch immer auch erwartungsvoll, ertönte auf einmal ganz leise wunderbare Musik. Es war, als ob Engel eine feine Harfe spielten. Zart und wie silbern erklangen die anmutigen Töne einer frommen Weise. Seltsam ergriffen und wie verzaubert richtete ich mich auf, mit tiefer Andacht und

in seligem Entzücken diesen nie gehörten Klängen lauschend. Ich fragte, fast zitternd: „Du, Vetter, sag, was ist denn das für eine Musik?“ Der Vetter sagte: „Das ist die Musik vom Christkind! Engel spielen sie für solche Menschen, die in diesen Nächten auf Stroh schlafen und das dem Christkindl zuliebe gerne tun.“

Musik des Christkindes – ich glaubte es willig und war nun dessen gewiss, dass ich jetzt auf einer himmlischen Liegerstatt ruhte. Die holden Töne erklangen wieder und wieder und immer weiter. Sie klangen hinein in gesunden Bubenschlaf und seligen Traum, der hundert Wunder in mir lebendig werden ließ …

Bis mich dann um fünf Uhr morgens der Vetter aus Schlaf und Traum weckte. Draußen im Wald war es ruhiger geworden. Wir rüsteten uns zum Rorategang und gingen, mit einer Laterne bewaffnet, wieder mühseligen Schrittes, durch hohe Schneewehen der nahen Pfarrkirche zur hl. Brigitte zu. Aus anderen Wäldern, aus der engen Schlucht der Ilz und von allen Berghängen wandelten Lichter durch die stockdunkle Nacht zum Gotteshaus. Darin sang dann der greise Pfarrer mit brüchiger Stimme das Engelamt und auf der Orgelempore stimmten Schulmeister, Sänger und Musikanten das junge Herz noch seliger und weihnachtsfroher. Dutzende von Wachslichtern brannten in den geschlechteralten Betstühlen, darin auch einst meine Mutter und ihre Ahnen gekniet waren. Die reichen hohen Altäre glitzerten und funkelten und mit ihnen und auf ihnen die goldenen Heiligen sowie die heiteren Engel und Putten, die dort überall saßen und schwebten, in jener mir so teuren Dorfkirche mit der ganzen Herrlichkeit eines in Gott und Kunst fröhlichen Zeitalters.

Am Vormittag brachte mich der Vetter wieder nach Hause, wo ich nun viel zu erzählen hatte. Ein Jahr darauf ist der brave Großonkel, fast achtzig Jahre alt, selig im Herrn entschlafen. Als sein geringer Nachlass verteilt wurde, fand sich darunter auch eine alte, kleine Spieldose mit einem Zettel in zittriger, ungelenker Handschrift: „Gehört als Andenken dem Schmied-Maxl, weil er so brav gewesen ist, wie er bei mir auf der himmlischen Liegerstatt geschlafen hat. Er soll studieren, und wenn er seine Studien hinter sich hat, soll er dieses Kastl kriegen."

Von diesem Vermächtnis habe ich erfahren im Jahre 1910, als ich mit einem guten Zeugnis vom beendeten Studium in die Heimat kam. Die kleine Spieldose war mir schönster Lohn für die Lernjahre mit ihren Mühen, Nöten und Entbehrungen. Seither weiß ich, woher jene Klänge kamen, die mich vor langen Jahren auf einer himmlischen Liegerstatt so reich beglückt hatten. Die Spieldose hat mich dann begleitet auf allen Wegen meines langen und nicht immer leichten Lebens, als kostbares Andenken an den seligen guten Vetter und eine unvergessliche Adventsnacht …

Wenn ich wieder einsam meinen Heiligen Abend feiere, wieder im Waldland, aber ferne der Kinderheimat, steht unter dem kleinen Christbaum neben der alten Salzburger Krippe auch wieder mein weihnächtlich klingendes Kleinod, die Spieldose des seligen Vetters. Sie erfreut das Herz des alten Mannes noch mehr als einst das des Buben, da er auf der himmlischen Liegerstatt wunderselig geschlafen hat.

Max Peinkofer

Wie der Schnee seine Farbe bekam

Als der liebe Gott schon alles erschaffen hatte – die Sonne, das Gras, die Bäume, die Tiere und die Blumen in all den prächtigen Farben des Regenbogens –, da schuf er noch ganz zuletzt den Wind und den Schnee. Weil aber niemand den kalten Schnee gern mochte, wollte der liebe Gott ihm eine Freude machen: Der Schnee durfte sich seine Farbe selbst aussuchen und sie sich von irgendeinem anderen Geschöpf auf der Welt erbitten.

Der Schnee machte sich auf den Weg und besuchte alle bunten Gewächse der Erde. Er ging zum Gras, zu den Veilchen, zu den Rosen, zu den Sonnenblumen und bat sie: „Gebt mir doch etwas von eurer Farbe, damit ich auch ein prächtiges Kleid bekomme!“ Aber keine der vielen Pflanzen wollte die Bitte des Schnees hören und etwas von seiner Farbe abgeben. Im Gegenteil: Frierend wandten sich die Blumen und Gräser vom Schnee ab und wollten mit ihm nichts zu tun haben.

Niedergeschlagen und traurig ließ sich der Schnee schließlich am Straßenrand nieder und klagte: „Keiner will mir etwas von seiner Farbe abgeben. Dann muss ich eben unsichtbar bleiben. Niemand wird mich sehen können, nur spüren kann man mich wie den Wind. Und ich werde von allen Geschöpfen gehasst werden.“

So jammerte der Schnee und nahm an, dass niemand ihn hörte. Ein winzig kleines Schneeglöckchen, das neben ihm am Straßenrand aus der Erde spross, hatte aber seine Worte vernommen. Es sagte zum Schnee: „Wenn dir mein bescheidener Umhang gefällt, so schenke ich dir gern etwas von meiner Farbe." Der Schnee war außer sich vor Freude. Er bedankte sich hundertmal beim Schneeglöckchen und verneigte sich immer wieder tief.
Der Schnee nahm das Geschenk an und seit diesem Tag ist er weiß. Das Schneeglöckchen aber ist bis heute der Freund des Schnees. Es ist die einzige Blume, die in seiner Nähe blüht.

Nach einer Legende

Provenzalische Weihnacht

Mein Vater hatte in seinem ganzen Leben bloß drei Bücher gelesen, nämlich das Neue Testament, Die Nachfolge Christi von Thomas a Kempis und den Don Quijote, der ihn an seinen Feldzug in Spanien erinnerte und ihm während der Regenzeit Zerstreuung bot.

„Zu meiner Zeit gab es nur wenige Schulen", erzählte er uns. „Mir hat ein armer Mann, der einmal in der Woche auf die Höfe kam, das Alphabet beigebracht."

Nach Brauch und Sitte der Familienväter schrieb er sonntags nach der Vesper seine geschäftlichen Angelegenheiten, Rechnungen und Ausgaben, mitsamt seinen Anmerkungen in eine große Agenda, die Catabèou genannt wurde.

Immer war er zufrieden, wie das Wetter auch sein mochte, und wenn er die Leute manchmal über den stürmischen Wind oder den sintflutartigen Regen klagen hörte, sagte er: „Ihr guten Leutchen, der da oben weiß recht gut, was er tut und was uns frommt. Wie wäre es denn, wenn der große Wind nicht käme, der die Provence aus der Erstarrung weckt … wer würde dann den Nebel und Dunst über unseren Mooren zerstreuen? Und hätten wir die heftigen Regengüsse nicht, wie würden dann die Zisternen, Brunnen und Bäche gespeist? Ein jedes Ding ist notwendig, meine lieben Kinder."

Mochte er auch am Wegrand ein Stück Holz auflesen, um es zum Herd zu tragen, mochte er sich auch im bescheidenen Alltag mit Gemüse und Schwarzbrot begnügen und sogar beim Festmahl stets mäßig bleiben und seinen Wein mit Wasser mischen, immer war sein Tisch gedeckt, seine Hand und sein Beutel offen für jeden Armen, der des Weges kam.
Wenn von einem Menschen gesprochen wurde, lautete seine erste Frage, ob er ein guter Arbeiter sei, und wurde sie bejaht, so sagte er: „Dann ist er ein braver Mann und ich bin sein Freund."
Für meinen Vater, der an den alten Bräuchen festhielt, war der Weihnachtsabend das große Fest. An diesem Tage spannten die Knechte die Ackergäule früher aus als sonst; meine Mutter gab jedem einen in Öl gebackenen, in eine Serviette geschlagenen schönen Fladen, eine Scheibe Mandelnougat, eine Handvoll Feigen, selbst gemachten Schafkäse, Sellerie für Salat und eine Flasche Wein, der im Herbst gekeltert worden war. Die Dienstleute begaben sich dahin und dorthin, ein jeder zu seinem Wohnort, um im eigenen Haus das Weihnachtsscheit anzuzünden. Auf unserem Hof blieben nur die armen Teufel zurück, die keine Familie hatten. Mitunter kamen gegen Abend noch Verwandte, etwa ein alter Junggeselle. „Fröhliche Weihnachten, Gevatter!", riefen sie. „Wir sind gekommen, um das Weihnachtsscheit mit euch zusammen anzuzünden."

Dann zogen wir gemeinsam frohgemut aus, das Weihnachtsscheit zu holen; es musste – so wollte es der Brauch – der Stamm eines Obstbaumes sein. Wir trugen es in einer Reihe zum Hof, der Älteste am einen Ende, ich, der Jüngste, am andern. Dreimal machten wir in der Küche mit dem Baumstamm die Runde. Hierauf goss mein Vater vor dem Kamin feierlich ein Glas Wein über das Weihnachtsscheit und sprach:

„Freuet euch, freuet euch, meine Kinder!
Möge Gott uns Freude schenken!
Mit der Weihnacht wird alles gut:
Gott sei uns gnädig,
auf dass wir das nächste Jahr erleben
und dass wir, wenn auch nicht mehr an Zahl,
so doch nicht weniger sein werden.“

Während wir alle riefen: „Freude, Freude, Freude …“, wurde der Baumstamm auf die großen Feuerböcke gelegt, und sobald die erste Flamme emporzüngelte, bekreuzigte sich mein Vater und sagte: „Heiliges Scheit, nähre das Feuer!“
Danach setzten wir uns alle zu Tisch.
Oh, dieses heilige Mahl, wahrhaftig heilig, da die ganze Familie friedlich und glücklich um den Tisch saß. Statt der römischen Lampe, die an einem dicken Schilfrohr hing und uns das ganze Jahr hindurch mit ihrem Öl Helligkeit gab, strahlten an diesem Abend drei Kerzen auf dem Tisch; wenn

ihr Docht sich zum einen oder anderen hinneigte, galt es als ein schlimmes Vorzeichen. An beiden Tischenden grünten in einem Teller die Weizenkörner, die wir am Tag der heiligen Barbara, am vierten Dezember, zum Keimen in Wasser gelegt hatten. Feierlich erschienen auf dem weißen Tischtuch nacheinander die Weihnachtsgerichte: Schnecken, die jeder mit einem langen Nagel aus dem Gehäuse hervorholte; gebackener Dorsch und Meeräsche mit Oliven; Artischocken und Sellerie mit Pfeffer; und danach alle die Süßigkeiten, die es nur an diesem Tage gab: in Öl gebackene, flache Kuchen, getrocknete Weinbeeren, Mandelnougat, Bratäpfel und vor allem das große Weihnachtsbrot, von dem nach frommem Brauch nicht gegessen wurde, bevor der erste Arme, der vorbeikam, ein Viertel erhalten hatte.

Bis zur Mitternachtsmesse war der Abend lang, und man erzählte sich am Feuer viel von den Vorfahren und pries ihre Taten. Allmählich, doch wie gern, kam Vater dann auf seine Erlebnisse in Spanien zu sprechen und auf die Belagerung von Figueras.

Am Neujahrstag kamen viele Kinder, alte Leute, Frauen und Mädchen, die uns schon am frühen Morgen begrüßten:

„Wir wünschen euch allen ein gutes Jahr,
Meister und Meisterin,
mit so viel Gutem, wie Gott es will.“

„Auch wir wünschen euch ein gutes Jahr“, antworteten meine Eltern und überreichten jedem als Neujahrsgeschenk zwei lange Brote und dicke, runde Laibe.
Bei uns war es wie auch in manchen andern Häusern Brauch, am Neujahrstag zwei Backöfen voll Brot an die Armen des Dorfes zu verteilen.

„Und sollte ich hundert Jahre leben,
so will ich hundert Jahre backen,
will hundert Jahre Brot an die Armen verteilen.“

Diese Worte kehrten jeden Abend in dem Gebet wieder, das mein Vater vor dem Schlafengehen sprach. Und bei seiner Beerdigung konnten die Trauergäste sagen:

„So viele Brote er uns gab, so viele
Engel mögen ihn begleiten. Amen.“

Frédérik Mistral

Drei Weise aus dem Morgenland

Wir kommen daher aus dem Morgenland

Wir kommen daher aus dem Morgenland,
wir kommen geführt von Gottes Hand.
Wir wünschen euch ein fröhliches Jahr:
Kaspar, Melchior und Balthasar.

Es führt uns der Stern zur Krippe hin,
wir grüßen dich, Jesus, mit frommem Sinn.
Wir bringen dir unsre Gaben dar:
Weihrauch, Myrrhe und Gold fürwahr.

Wir bitten dich: Segne nun dies Haus
und alle, die gehen da ein und aus!
Verleihe ihnen zu dieser Zeit
Frohsinn, Frieden und Einigkeit.

Sternsingerlied

Die Heil'gen Drei Könige

Die Heil'gen Drei Könige aus dem
Morgenland,]
sie frugen in jedem Städtchen:
„Wo geht der Weg nach Betlehem,
ihr lieben Buben und Mädchen?"

Die Jungen und Alten, sie wussten es nicht,
die Könige zogen weiter;
sie folgten einem goldenen Stern,
der leuchtet lieblich und heiter.

Der Stern blieb stehn über Josefs Haus,
da sind sie hineingegangen;
das Öchslein brüllte, das Kindlein schrie,
die Heil'gen Drei Könige sangen.

Heinrich Heine

Der Stern

Hätt' einer auch fast mehr Verstand
als wie die drei Weisen aus Morgenland
und ließe sich dünken, er wäre wohl nie
dem Sternlein nachgereist, wie sie;
dennoch, wenn nun das Weihnachtsfest
seine Lichtlein wonniglich scheinen lässt,
fällt auch auf sein verständig Gesicht,
er mag es merken oder nicht,
ein freundlicher Strahl
des Wundersternes von dazumal.

Wilhelm Busch

Das Wegzeichen

Gegen Mitternacht hatten die drei Männer allein die Stadt verlassen, und der geschweifte Stern leuchtete wieder am Himmel und wies ihnen die Richtung. Sie waren schon eine gute Wegstrecke weit gegangen. Jeder führte sein Tragtier, einen Esel. Der eine trug Gold, der zweite Weihrauch, der dritte Myrrhe – Geschenke, die die Männer aus dem Morgenland für den neuen König mitgebracht hatten.

In der Stadt Jerusalem hatten die Männer den Neugeborenen nicht gefunden. Im Palast des Königs Herodes waren sie auf Misstrauen und Neid gestoßen, und davor waren sie geflohen, als die Nacht angebrochen war.

Niemand hatte ihnen sagen können, wo der neue König zu finden war, dessen Geburt ihnen, die am Himmel zu lesen verstanden, der Stern angezeigt hatte. Auch in dieser Nacht stand er funkelnd über ihnen. Aber bald graute der Morgen und Stern um Stern erlosch. Selbst das Licht des großen, geschweiften Sterns verblasste vor den Strahlen der aufgehenden Sonne.

Die Männer beobachteten es besorgt, und als sie den Stern nicht mehr sahen, hielten sie an.

„Wir werden bis zur nächsten Nacht rasten müssen", sagte einer von ihnen, „ohne unseren Stern finden wir den richtigen Weg nicht." Sie hoben die Lastballen von den Eselsrücken und ließen die Tiere weiden. Dann rissen sie trockene Dornbüsche aus dem Sand und schichteten sie für ein Feuer, denn um diese Stunde war es kühl. Sie setzten sich um das Feuer, nahmen Fleisch und Brot aus ihren Reisesäcken und aßen.

„Es kann nicht mehr weit sein", sagte der Schwarzhäutige, „denn der geschweifte Stern stand zuletzt fast über uns. Vielleicht sind wir vor dem Ende der nächsten Nacht am Ziel." Die anderen blickten sich um. Sie sahen nur dürres Gras, Dornbüsche und Sand von Horizont zu Horizont.

„Kein Schloss, keine Burg, kein Palast", sagte einer, „in denen ein König geboren sein könnte, den der Himmel selbst durch einen geschweiften Stern angekündigt hat."

„Und warum", fragte der Dunkle, „warum gibt es nicht ein gleiches Wegzeichen für den Tag? Warum nur einen Stern in der Finsternis ... aber nichts, kein Feuermal, keinen Wolkenpfeil, keinen Vogel, kein Zeichen, das uns am Tage den Weg weist?"

So saßen die drei Männer um das Feuer, fragten einander und wussten keine Antwort, zweifelten und froren, denn das trockene Dornengestrüpp war rasch niedergebrannt.

Da hörten sie aus der Nähe einen hellen, klagenden Schrei, gleich darauf wieder, und alle drei sprangen auf und spähten in die Wüste. Der Laut kam von einem Dornbusch herüber. Als sie darauf zugingen, sahen sie ein weißes, wolliges Bündel, das sich in den Dornen verfangen hatte.

„Es ist ein Lamm!“, rief der Älteste, der einen Bart trug, „ein Lamm, das sich verirrt haben muss.“ Er eilte zu dem Tier, befreite es aus den Dornen und nahm es auf seine Arme.

„Ein so kleines Lamm allein in der Wüste!“, sagte er nachdenklich. – „Dass in der Nacht keine Hyäne es gerissen und gefressen hat!“, rief der Jüngste erstaunt. „Es müssen Hirten mit ihren Herden in der Nähe sein. Denen ist es entlaufen.“

Kaum hatte er das gesagt, sahen sie in der Ferne einen Mann herankommen. Er trug einen langen Stab und hielt den Blick gesenkt, als folgte er einer Spur. Bald erkannten sie, dass es ein Hirt war.

Da er das Lamm in den Armen des Bärtigen entdeckte, stürzte er mit einem Freudenruf darauf zu. Nach zwei Schritten jedoch blieb er erschrocken stehen, als sähe er erst jetzt außer dem Lamm auch die Fremden.

Wahrhaftig, sie sahen fremd aus: Jeder war gekleidet wie ein Fürst. Und doch waren alle drei von der langen Wanderung ausgezehrt und erschöpft wie Bettler, dazu der eine von ihnen dunkel wie verbranntes Laub.

Aber noch ehe der Hirt fragen konnte, wer sie seien, hob der Bärtige ihm das Lamm entgegen und sagte: „Nimm es. Wir haben es in den Dornen gefunden und sind froh, dass es dich zu uns gelockt hat, denn vielleicht wirst du uns zeigen können, was wir suchen.“

Der Hirt nahm das Lamm auf seine Arme. „Wie

kann ich euch dafür danken", fragte er, „dass ihr mir das Lamm zurückgebracht habt?"
„Dein Dank gehört nicht uns", sagte der Bärtige, „vielleicht aber wirst du unseren Dank verdienen, denn wir suchen etwas, das wir bei Tage nicht finden können."
Der Hirt wunderte sich darüber. „Ich kenne hier jeden Strauch", sagte er. „Wenn ihr etwa einen Weg sucht, so will ich ihn euch zeigen."
„Diesen Weg wird uns nicht jeder zeigen können. Bisher war es ein Stern, der uns führte."
Der Hirt horchte auf und fragte: „Ein Stern mit einem Schweif?" Die Männer nickten.
„Dann sucht ihr den Heiland!", rief der Hirt beglückt.
„Wir suchen den neugeborenen König", sagte der Dunkle, „er kann nicht mehr weit von hier sein."
Der Hirt nickte. „Ihr sucht das Kind im Stall von Betlehem. Wir haben es gesehen, in der Nacht, als es gerade geboren war."
„Du sprichst von einem Stall", rief ärgerlich der Jüngste der drei, „wir aber suchen einen König!"
„Ihr werdet ihn finden und erkennen", sagte der Hirt, „folgt mir, ich führe euch zu meinen Gefährten in das Hirtenlager. Von dort aus ist es nicht mehr weit bis zur Krippe im Stall."
Die drei Männer blickten einander an. Hatten sie nicht genug von räuberischen Überfällen auf Reisende gehört? Und konnte dieser Hirt nicht der Lockvogel einer Räuberbande sein?

„Warum führst du uns nicht allein auf den richtigen Weg?", fragte der Dunkle.
Der Hirt sah sie fragend an. In ihren Gesichtern standen Zweifel und Abwehr. Er blickte auf ihr Gepäck, das im Sande lag, und begriff, was sie dachten und befürchteten. Er schüttelte den Kopf und trat mutig nahe vor sie hin.
„Packt mich, wenn ihr mir nicht traut", sagte er, „ich bin einer, ihr seid drei."
Und als sie schwiegen und sich nicht rührten, fuhr er fort: „Wir Hirten haben ihn gefunden, den ihr sucht. Darum gehören wir und ihr zusammen, und zu uns werden alle gehören, die sich auf den Weg zu ihm machen."
Und die drei Fremden folgten dem Hirten in das Lager.

Eva Rechlin-Bartoscheck

Quellennachweis

Leider war es trotz eingehender Recherche nicht in allen Fällen möglich, den Rechtsinhaber ausfindig zu machen. Entsprechende Hinweise nimmt der Verlag gerne entgegen. Rechtsansprüche bleiben gewahrt.

S. 12, *Wir sagen euch an den lieben Advent:* © Verlag Herder, Freiburg.
S. 16, *Immer ein Lichtlein mehr:* Quelle unbekannt.
S. 17, *Es ist für uns eine Zeit angekommen:* Quelle unbekannt.
S. 18, *Am 4. Dezember:* aus: Josef Guggenmos, Groß ist die Welt, © 2006 Beltz & Gelberg in der Verlagsgruppe Beltz, Weinheim & Basel.
S. 23, *Adventgedanken:* © bei der Autorin.
S. 24, *Mit dem lieben Gott ist es wie mit dem Plätzchenbacken:* © beim Autor.
S. 26, *Seht, die gute Zeit ist nah:* © Erlanger Verlag für Mission und Ökumene, Neuendettelsau.
S. 29, *Holler, boller, Rumpelsack:* © Rechtenachfolger Albert Sergel.
S. 44, *Kinder vor einem weihnachtlichen Schaufenster:* aus: Manfred Hausmann, Jahre des Lebens. Gedichte, Neukirchener Verlag, © Neukirchener Verlagsgesellschaft mbH, Neukirchen-Vluyn.
S. 66, *Der neue König braucht auch Tölpel:* entnommen aus: Max Bolliger, Der „Tölpel“, aus: Der Weihnachtsnarr, © Verlag Herder, Freiburg im Breisgau, 2. Aufl. 1990.
S. 68, *Der Mann, der dabei war:* aus: Ernst Penzoldt, Die Liebende. © Suhrkamp Verlag Frankfurt am Main 1958.
S. 74, *Geboren ist das Kind zur Nacht:* aus: Lesebuch „Wunder Welt“ Bd. 4, Schwann Verlag 1974, © bei der Autorin.

S. 77, *Auf einer Krippe:* aus: Das große Weihnachtsbuch, hrsg. von Barbara Bartos-Höppner und Burghard Bartos, Thienemanns Hausbücherei, 4. Auflage Stuttgart 1985 (Text gekürzt).

S. 89, *Wacht auf, ihr Menschen:* aus: Lesebuch „Wunder Welt“ Bd. 3, Schwann Verlag 1968, © bei der Autorin.

S. 95, *Die Nacht des 24. Dezember:* Quelle unbekannt.

S. 121, *Die Krippe von Santa Emilia:* © Wilma Klevinghaus.

S. 130, *Der Tanz des Räubers Horrificus:* aus: Karl Heinrich Waggerl, Und es begab sich, © Otto Müller Verlag, 51. Auflage, Salzburg 2004.

S. 134, *Die himmlische Liegerstatt:* Passavia Verlag, Passau, © Max Peinkofer Rechtenachfolger.

S. 144, *Provenzalische Weihnacht:* aus: Französische Weihnacht. Erzählungen, Gedichte, Lieder. Die Arche, Zürich 1986, S. 15 ff.

S. 150, *Wir kommen daher aus dem Morgenland:* Text: Maria Ferschl, © Verlag Herder, Freiburg.

S. 153, *Das Wegzeichen:* © bei der Autorin.